울려라 울려
악기 과학

정완상 지음

BooksHill
이치사이언스

이 책은 각 스테이지별로 재미있는 이야기와 함께 다채로운 코너들로 꾸며져 있습니다.

과학 동화
주인공과 함께 가상현실을 모험하면서 과학 원리와 개념을 쉽고 재미있게 익힐 수 있어요.

과학 영재 되기
이야기에 나왔던 과학 원리와 개념을 교과서와 연관하여 보다 자세하게 배울 수 있어요. (2009년부터 단계적으로 시행되고 있는 새로운 교육과정 기준)

실력 쌓기 퀴즈퀴즈
기본 다지기/ 서프라이즈 진실 혹은 거짓/ 알쏭달쏭 내 생각 등의 다양한 퀴즈를 통해 학습 개념과 관련된 놀랍고 흥미로운 사실들을 알 수 있어요.

부록: 과학자가 쓰는 과학사
이 책의 내용과 관련 있는 과학자가 직접 들려주는 자신의 삶과 업적을 통해 과학자를 더욱 친근하게 만날 수 있어요.

추천의 글

여러분은 상상이 잘 안 되겠지만 선생님은 초등학교 시절 교과서 외에 읽을 수 있는 책이 없었습니다. 한 권 있는 지도책을 등잔불 밑에서 보고 또 보며 세계 여러 나라와 도시 이름을 외우며 상상의 나래를 펼치곤 했지요.

50여 년이 지난 지금도 그때 너덜너덜해진 지도책을 생각하면 저절로 지구상의 모든 나라들이 머릿속에 그려집니다. 읍내에 있는 중학교에 들어가면서 다행히 뉴턴과 아인슈타인, 에디슨 등과 같은 인물들을 책으로 만날 수 있었고, 그때부터 저는 과학자가 되겠다는 꿈을 키웠고 대학에서 과학을 전공하고 교수가 되었습니다.

책은 우리 미래를 밝히는 등대입니다. 선생님은 "GO! GO! 과학특공대"가 여러분을 더 넓은 세상과 더 나은 미래로 이끄는 푸른 신호등이 되리라 확신합니다. 여러분이 학교에서 배우고 있는 내용들을 즐겁고 재미있게 느끼도록 만들었으니까요.

위대한 과학자 뉴턴은 "나는 진리의 바닷가에서 반짝이는 조개 껍질 하나를 줍고 기뻐하는 어린아이와 같다."라고 했습니다. 여러분도 "GO! GO! 과학특공대"를 읽고 뉴턴이 느꼈던 그 기쁨을 마음껏 누려보길 바랍니다.

전우수(전 한국 초등과학교육학회 회장 · 공주교육대학교 교수)

이 책을 읽는 어린이들에게

언제나 날 본체만체하는 우리집 야옹이를 알아가는 것, 친구와 하는 내기에서 빨리 셈하는 방법을 알아내는 것, 밤하늘의 반짝이는 별들의 이름을 찾아보는 것은 즐거운 일이지만, 생물을 공부하고, 수학을 공부하고, 과학을 공부를 하는 것은 어렵습니다.

아니, 솔직하게 말해서 공부는 어렵다기보다 하기 싫은 것이죠. 그럼 왜 공부가 하기 싫을까요? 그것은 어른들한테도 어느 정도 책임이 있답니다. 어른들은 1등, 2등밖에 모르기 때문입니다. 사실 엄마 아빠도 모두가 1, 2등을 한 것도 아니면서 말입니다.

학교 갔다 와서 친구들과 축구를 한다거나 컴퓨터 게임을 하면 재미있죠. 맞습니다. 이 글을 쓴 선생님도 학교 갔다 오면 친구들과 동네를 휩쓸고 다니며 노는 것이 공부보다 즐거웠답니다. 그렇게 놀기만 하다 보니 공부가 점점 더 싫어지더라고요.

그러다가 된통 어머니께 꾸중을 들은 날이 있었습니다. 그날 눈물콧물 줄줄 흘리며 혼자 방 안에 앉아 있는데 '그렇게 놀기만 해서는 커서 빈털터리 건달밖에 안 돼.'라는 어머니 말씀이 자꾸 생각나더라고요. 그래서 공부하는 데 취미를 붙여 보려고 책 읽는 연습부터 했죠. 하기 싫은 것을 억지로 한다고 해서 될 것이 아니라는 것을 알았기 때문에, 책 읽는 연습부터 한 거예요.

일을 안 하고는 생활할 수 없듯이, 여러분도 아주 조금씩이라도 공부에 관심을 가져야 합니다. 이건 경험을 통해 알게 된 거예요.

그래서 전 어렸을 적 저처럼 아주 공부하기를 지겨워하는 학생들을 위해 이 책을 썼습니다. 이 책을 재미있게 읽다 보면 몰입하는 즐거움을 느낄 수 있습니다.

몰입이 뭐냐고요? 몰입은 한 가지 일에 푹 빠지는 것을 말합니다. 그러다 보면 바깥이 궁금하고 컴퓨터를 켜고 싶은 생각은 싹 사라지고, 궁둥이도 무거워지겠지요.

이 책에서 여러분은 꼭 배워야 할 내용들을 생활이며, 체험이며, 놀며 즐기는 놀이로 알아갈 수 있습니다. 어떻게 그렇게 하냐고요? 이 책을 통하면 못할 것이 없습니다. 어디든 갈 수 있고 무엇이든 할 수 있죠. 이 책의 주인공들이 경험하는 일들은 모두 우리가 배워야 할 것들이고, 신기하게도 이 친구들을 따라가다 보면 지겨울 틈도, 졸릴 틈도 없답니다.

사실이냐고요? 그럼 선생님 말이 맞나 안 맞나 확인해 보면 되죠. 책장을 펼치고 기대해 보세요. 선생님이 공부를 즐겁게 할 수 있는 마법을 걸어 줄게요. 준비가 되었다면 힘차게 책장을 넘겨 봅시다.

지은이 씀

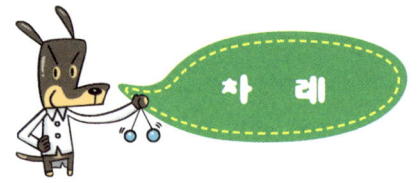

차 례

악기과학 | 주인공 소개 ★ 08

스테이지 1 노뮤직 왕국 음악과 물리학 ★ 10

과학 영재 되기_ 26
- 발성과 소음 / 음악
- 생활 과학 카페: MP3란 무엇일까?_ 30

실력 쌓기 퀴즈퀴즈_ 31
- 기본 다지기 / 서프라이즈 진실 혹은 거짓 / 알쏭달쏭 내 생각

아하! 알았다 정답_ 34

스테이지 2 허리케인의 등장 현악기의 원리 ★ 36

과학 영재 되기_ 66
- 현악기 / 현악기의 원리
- 생활 과학 카페: 바이올린과 피아노의 음정_ 70

실력 쌓기 퀴즈퀴즈_ 71
- 기본 다지기 / 서프라이즈 진실 혹은 거짓 / 알쏭달쏭 내 생각

아하! 알았다 정답_ 74

스테이지 3 **페가수스 VS 허리케인**   타악기의 원리 ★ 76

과학 영재 되기_ 90
- 타악기 / 북을 치면 소리가 나는 이유
- 생활 과학 카페: 드럼의 다양한 소리_ 93

실력 쌓기 퀴즈퀴즈_ 94
- 기본 다지기 / 서프라이즈 진실 혹은 거짓 / 알쏭달쏭 내 생각

아하! 알았다 정답_ 96

스테이지 4 **다시 돌아온 허리케인**   관악기의 원리 ★ 98

과학 영재 되기_ 118
- 관악기의 원리 / 관악기 만들어 보기 / 큰 악기와 작은 악기
- 생활 과학 카페: 여러 가지 관악기_ 122

실력 쌓기 퀴즈퀴즈_ 123
- 기본 다지기 / 서프라이즈 진실 혹은 거짓 / 알쏭달쏭 내 생각

아하! 알았다 정답_ 126

부록 | 피타고라스가 쓰는 음악과학사 ★ 128

[주인공 소개]

안녕? 나는 피즈팬이라고 해.

피즈팬

물리천재 피즈팬은 12살 소년이다.

피즈팬은 다른 아이들처럼 학교에 다니지 않고,

아빠가 만들어 주신 SR로 무엇이든 공부할 수 있다.

SR은 Scientific Reality!

번역하면 '과학현실'이라는 프로그램이다.

우리가 가상현실 게임 속에서

로켓 조종사가 되기도 하고

골프선수가 되기도 하듯

피즈팬은 SR을 통해 다양한 세계를 여행하면서

물리에 대한 모든 것을 배울 수 있다.

피즈팬이 오늘 배우고 싶어하는 주제는 악기에 관한 것이다.
물리천재에게 그런 게 왜 필요하냐고?
아빠는 기본 개념에 충실해야 한다고 항상 강조하신다.
그래서 피즈팬은 악기에 대한 SR을 시행하기로 결심했다.
피즈팬이 SR의 초기화면에서 '**과학 〉물리 〉악기**'를 선택하자
다음과 같은 메시지가 나타났다.

악기에 대한 SR 프로그램입니다.
당신은 다음 상황을 체험하게 됩니다.

□ 피즈팬, 노뮤직 왕국의
'평이위' 위원이 되다.

노뮤직 왕국
음악과 물리학

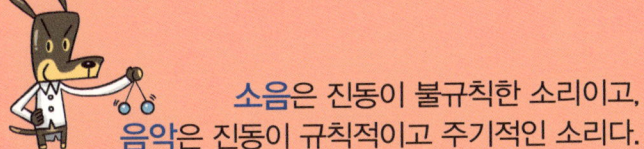

소음은 진동이 불규칙한 소리이고,
음악은 진동이 규칙적이고 주기적인 소리다.

피즈팬이 이번에 탐험할 곳은 노뮤직 왕국. 노뮤직 왕국은 천 년의 역사를 자랑하는 왕국이지만, 백성 대부분이 풍족하게 살지 못하는 가난한 나라이다. 게다가 백성은 기질이 난폭하고 게으르며 욕심까지 많아서, 나라 안에 싸움과 도둑질이 끊이질 않았다.

이런 백성과는 달리, 노뮤직 왕국을 다스리는 음치기박치기 왕은 성품이 온화하고 백성을 무척 사랑하여, 말썽을 일으키는 백성조차도 존경하는 현왕이었다.

음치기박치기 왕은 얼마 전 새해를 맞이하여 왕국 광장에서 긴 연설문을 낭독했다. 백성 모두가 서로 화합하여 잘살아 나가자는 내용이었다.

백성을 사랑하는 음치기박치기 왕에게 백성의 가난과 끊이지 않는 다툼은 항상 그림자처럼 따라다니는 고민거리였다. 나라 안의 관리들은 백성의 다툼을 해결하느라 백성의 가난은 돌볼 수가 없었다. 이런 악순환이 되풀이되다 보니, 싸우다 죽고, 못 먹어서 죽는 사람이 하루에도 수십 명에 이르렀다. 음치기박치기 왕은 새해를 맞아 왕국 탄생

이래 어떤 왕도 풀지 못했던 이 '미션임파서블'을 자기가 꼭 해결하고 말리라 다짐에 다짐을 했다.

음치기박치기 왕은 먼저 '평생이렇게살래위원회'(이하 '평이위')를 만들고, 위원장과 부위원장으로 각각 드렁큰타이슨과 피즈팬을 임명했다. 그리고 위원회를 만든 지 얼마 지나지 않아 평이위 위원들을 불러 모아놓고 다음과 같이 말하였다.

"여러분, 저는 우리 백성이 평화롭고 여유롭게 사는 모습을 보고 싶습니다. 여러분에게 하루의 시간을 주겠어요. 그 안에 우리 왕국의 문제가 무엇인지 꼭 알아내 주세요. 이것은 우리 왕국의 운명이 걸린 문제입니다. 오랜 시간 계속되었던 가난과 다툼을 이제는 정말 매듭지어야 할 때가 왔다는 생각이 듭니다. 여러분께 부탁하겠습니다."

왕의 간곡한 요청을 들은 평이위 위원들이 술렁였다. 하루라는 시간으로 오랜 기간 지속되었던 문제의 원인을 파악하기란 힘든 일이었다.

드렁큰타이슨과 피즈팬은 음치기박치기 왕의 말이 떨어지자마자 곧바로 문제 해결을 위한 행동에 돌입했다. 곧장 현장에 나가 문제의 원인을 찾아보기로 한 것이다.

함께 시작하기는 했지만 피즈팬은 드렁큰타이슨과 일할 앞날이 내심 걱정되었다. 드렁큰타이슨은 성격이 호쾌하고 남자다웠지만, 꼼꼼하지 못하고 일을 얼렁뚱땅해서, 같이 일했던 사람들이 고개를 설레설레 흔들 정도였다.

피즈팬을 향해 드렁큰타이슨이 말했다.

"여보슈, 꼬마 양반. 나는 지지리 마을을 조사하러 갈참

인데, 어쩔라우?"

드렁큰타이슨은 자랑이라도 하듯, 양손을 허리에 올려놓고 가슴 근육을 울룩불룩하게 만들어 보였다. 피즈팬은 민망한 시선을 피하며 드렁큰타이슨에게 대답했다.

"예? 같이 가는 거 아닌가요?"

그러자 드렁큰타이슨이 귀찮다는 듯이 말했다.

"뭘 또 같이 가? 이래서 어린애는 안 된다니까. 같이 다닌다고 뭐가 더 나오나? 흩어져서 빨리빨리 조사하고 일을 끝내야지. …… 그러면 이렇게 합시다. 나는 지지리 마을로 갈 테니 꼬마 양반은 궁상 마을로 가슈. 그리고 조사 내용은 내일 평이위 회의에서 이야기합시다."

피즈팬은 드렁큰타이슨의 말에 한편으로 잘됐다고 생각하며 궁상 마을로 향했다.

얼마 지나지 않아 궁상 마을 입구에 도착한 피즈팬은 이상한 광경을 보았다. 어찌된 일인지 모내기가 한창이어야 할 논에 모는 없고 잡초만 무성히 자란 것이었다. 게다가 마을 사람들은 하나같이 무슨 기분 나쁜 일이라도 당한 것처럼 잔뜩 인상을 쓰고 있었다.

피즈팬은 임무를 수행하기 위해 황량한 논을 지나 주택가로 들어섰다. 주택가 입구에서는 한 청년과 아주머니가 다투고 있었다. 피즈팬은 가까이 다가가 그들의 대화를 들어 보았다.

"레도모르오! 정말 너무 하는 거 아니니? 이 동네에 너 혼자 사는 것도 아니고, 낮잠 좀 자려는데 너무 시끄럽잖아!"

아주머니는 레도모르오라는 청년을 향해 소리쳤다.

"쿠울 아주머니! 전 지금 작곡 중이라고요. 그리고 아주머니는 잡초투성이인 논을 내버려 두고 잠이 오나요? 나라의 미래를 좀 생각하세요. 청년 실업이 80만 명에 이르고 있다고요!"

레도모르오도 지지 않고 소리쳤다.

"작곡이라니? 너 혹시 노랭이? 우리 왕국에서 음악이 금지된 걸 모르는 건 아니겠지? 정말 음악 활동을 한다면 당장 경찰을 부르겠어."

경찰을 부르겠다는 쿠울 아주머니의 말을 듣고, 피즈팬은 그게 무슨 뜻인지 궁금하여 그들의 싸움에 끼어들었다.

"잠깐만요. 음악이 금지되다니요? 그러면 노뮤직 왕국에는 나라의 노래인 국가도 없나요? 그리고 노랭이는 또 뭐예요?"

그러자 쿠울 아주머니가 대답했다.

"우리 민족은 대대로 조용한 것을 즐기는 민족이란다. 노래는 노랭이들이나 하는 짓이지. 노랭이는 시끄러운 음악을 해서 사람들을 불안하게 만드는 놈들을 말하는 거야. 너도 알고 있겠지만 음악이란 것 때문에 사람들의 정서가 난폭해지고 불안해지는 것 아니겠니?"

쿠울 아주머니의 말을 듣고 보니, 노뮤직 왕국에 온 이후로 피즈팬은 음악다운 소리를 들어본 적이 없었다. 놀라운 사실이었다.

피즈팬은 갑자기 노랭이로 몰린 레도모르오의 음악이 궁금해졌다.

"레도모르오, 당신의 연주 솜씨를 한번 볼 수 있을까요?"

"그럼!"

레도모르오는 피즈팬의 요청을 흔쾌히 승낙했다. 그리고는 막대기로 벽을 마구 두들겨 대기 시작했다.

탕탕탕 쿵, 탕탕탕 쿵!

피즈팬은 레도모르오의 연주를 얼마 듣지 못하고 귀를

막아 버렸다. 레도모르오의 연주는 음악이 아니라 소음이었다.

  자신의 연주에 도취된 레도모르오는 막대기를 내팽개치고 급기야 유리창으로 달려가 무언가를 몹시 원한다는 듯 손톱으로 유리창을 긁어 대기 시작했다. 음악다운 음악을 한 번도 접해 볼 기회가 없었던 레도모르오는 닥치는 대로 긁고 두들겨 대는 것이 진정한 음악이라고 착각하고 있었다. 피즈팬은 레도모르오의 연주를 듣고 쿠울 아주머니의 마음을 이해할 수 있었다.

　잠시 후, 경찰차가 도착했다. 경찰은 자신의 연주에서 헤어나지 못하고 있는 레도모르오를 붙잡아 경찰서로 끌고 갔다. 레도모르오는 끌려가는 동안에도 경찰차 안에서 창문을 긁어 대며 외쳤다.

　"자유롭게 음악을 만들 수 있게 해 주세요!"

　절규하는 레도모르오의 모습을 보며 피즈팬은 그제야 노 뮤직 왕국의 문제점이 무엇인지 깨달았다.

　피즈팬은 즉시 발길을 돌려 집으로 향했다. 그리고 깊은 밤이 되도록 잠을 이루지 못하고 왕에게 이 문제를 어떻게 설명해야 하나 고민했다.

　다음 날, 평이위 위원들이 한자리에 모였다.

　"뭐 좀 알아냈수, 꼬마양반? 허허허, 보아 하니 영 소득이 없는 모양이군, 허허허……."

　드렁큰타이슨이 피즈팬에게 알은체를 하며 말을 걸어왔다. 드렁큰타이슨은 지난번처럼 피즈팬 앞에서 가슴 근육을 울룩불룩 움직이며 거들먹거렸다. 그리고 곧이어 음치기박치기 왕이 평이위 회의실로 들어왔다.

"여러분, 뭐 좀 알아냈습니까?"

왕의 말이 끝나기가 무섭게 드렁큰타이슨이 자리에서 일어섰다.

"전하, 이게 말이죠. 백성의 근본 사상에 문제가 있습니다. 인간의 힘으로 해결할 수 있는 그런 문제가 아니란 말씀입죠. 해결될 수 있는 문제라면 벌써 해결됐겠지요. 뭐 우리 민족이 그렇게 타고 났는데 어쩌겠습니까. 아무튼 제 조사 결과, 평이위 활동 자체가 괜한 시간 낭비, 인력 낭비라고 생각됩니다."

드렁큰타이슨은 자신의 발표가 만족스러웠는지 우쭐대며 그 자리에 서 있었다.

"잘 알겠습니다. 그런데 드렁큰타이슨 위원, 혹시 어제 노뮤직 공원 느티나무 밑에 있었나요?"

음치기박치기 왕은 차분하면서도 뭔가 예리한 표정으로 드렁큰타이슨에게 물었다.

"예? 예…… 잠시, 머리 좀 식히러 갔더랬죠."

드렁큰타이슨은 흠칫 놀라며 말을 더듬었다.

"드렁큰타이슨 위원이 노뮤직 공원 느티나무 밑에서 잠을 자고 있는 장면이 CCTV에 장장 10시간이나 녹화됐습니다. 도대체 조사는 언제 하신 겁니까? 쯧……! 자, 다음 피즈팬 위원의 활동 보고를 들어 볼까요?"

음치기박치기 왕은 온화한 눈빛으로 피즈팬을 바라보았다. 한편, 드렁큰타이슨은 부끄러워서 고개도 들지 못하고 조용히 자리에 앉았다.

"존경하는 임금님, 제가 조사한 바에 따르면 노뮤직 왕국의 가장 큰 문제는 바로 '노뮤직'입니다. 노뮤직 왕국에는 음악다운 음악, 아름다운 음악이 없다는 것이죠. 노뮤직 왕국의 백성들은 매일 음악다운 음악 대신, 대개는 소음을 들으며 살아가고 있습니다. 그렇기 때문에 백성의 성품이 날카로워지고 일의 능률도 오르지 않는 것이죠."

왕은 물론 평이위의 모든 위원이 피즈팬의 말에 귀를 기울였다.

"좋은 음악이 사람들에게 어떤 영향을 미치는지 한 가지 예를 들어 설명하면, 아시아의 한국이라는 나라에서는 모내기를 할 때도 흥겨운 노래를 부릅니다. 흥겹게 노래를 부르면 일할 때 지루하지도 않고 같이 일하는 사람들과의 협동심도 좋아지지요. 이처럼 지금 노뮤직 왕국의 백성에게 필요한 건 바로 '음악'입니다!"

"아름다운 음악요?! 피즈팬 부위원장, 나 또한 백성과 마찬가지로 음악다운 음악, 아름다운 음악이란 걸 접해 본

일이 없습니다. 부위원장은 우리 백성이 음악이 아니라 소음을 듣고 산다고 했는데, 그렇다면 음악과 소음은 어떻게 다른 것입니까? 그걸 알아야 진짜 음악을 만들 수 있지 않겠습니까?"

음치기박치기 왕은 피즈팬이 설명한 진짜 음악이란 것의 존재가 너무나도 놀라워, 깊은 관심을 보이며 피즈팬에게 물었다.

"음악이나 소음은 모두 똑같이 소리입니다. 소리는 공기의 진동이 퍼져 나가는 것이지요. 하지만 소음은 진동이 불규칙적인 반면, 음악은 진동이 규칙적이고 주기적인 성질을 띠고 있습니다. 일 초 동안 얼마나 많이 진동하는가를 '진동수'라고 하는데, 예를 들어 일 초 동안 264번 진동한 소리가 바로 아름다운 '도' 음이지요."

피즈팬은 왕을 보며 차근차근 거침없이 설명했다. 그리고는 직접 맑은 '도' 음을 내어 음치기박치기 왕에게 들려주었다. 음치기박치기 왕은 조용히 눈을 감고 피즈팬이 내는 아름다운 소리를 감상했다.

당신은 스테이지 1을 통과했습니다.
다음 아이템을 받을 수 있습니다.

줄기타

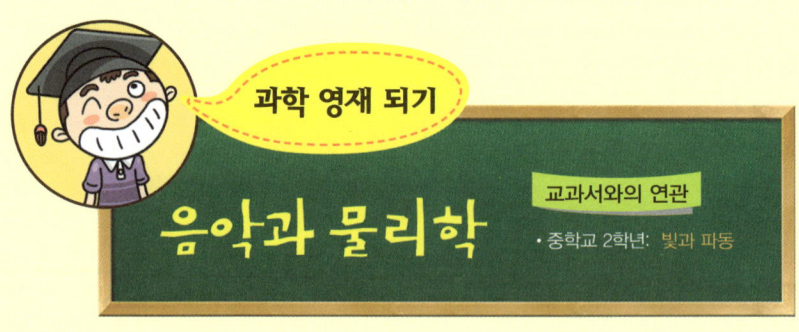

발성과 소음

우리가 내는 목소리는 어떻게 만들어질까요?

사람은 목구멍 속에 있는 성대를 떨어 공기를 진동시켜요. 그 진동이 공기를 통해 입 밖으로 퍼져 나가는데, 이게 바로 **목소리**랍니다.

그런데 같은 소리인데 소음은 왜 귀에 거슬릴까요? 미닫이문이나 창문을 열 때 나는 '끼익' 하는 소리는 정말 듣기 싫잖아요. 그 이유는 소리가 문과 창틀 바닥의 '마찰'로 나기 때문이에요.

마찰은 움직임을 방해합니다. 문이 움직일 때 가지고 있던 에너지를 운동 에너지라고 하는데, 이 에너지는 마찰 때 문에 줄어들어요. 줄어든 에너지는 열에너지와 소리 에너지 같은 다른 종류의 에너지로 변해요. 그래서 문을 열 때

'끼익' 하고 소리가 나는 거예요.

이때 마찰이 클수록 빼앗기는 에너지가 많으니까 더 큰 소리가 나게 돼요. 이런 소리는 진동수가 불규칙한 소리들로 이루어져 있어요. 우리 귀는 이런 소리들을 **소음**으로 듣게 됩니다.

소음은 공사장에서 기계들이 돌아가는 소리나 자동차의 경적 소리 등 우리 주변에서 쉽게 들을 수 있어요.

창문을 열 때 나는 소리는 마찰 때문에 생기며, 진동수가 불규칙하여 귀에 거슬립니다.

그런데, 소음은 꼭 큰 소리만을 얘기하는 게 아니랍니다. 소리가 작더라도 듣는 사람이 불쾌감을 느낀다면 그건 소음이에요.

소음을 많이 들으면 어떻게 될까요? 손톱으로 칠판을 긁으면……? 윽, 상상만 해도 소름이 돋죠? 소음은 청력 장애는 물론 머리가 어지러워지는 등, 우리 몸 전체에 좋지 않은 영향을 미쳐요.

소음을 계속 들으면 잠을 잘 못 자고, 소화도 잘 안 돼요. 그리고 맥박과 혈압이 올라가서 건강에 좋지 않아요.

음악

악기로 연주되는 소리는 소음일까요? 아니에요. 악기는 사람의 귀에 좋은 소리를 내는 도구예요. 우리 귀에 듣기 좋은 소리들로 이루어진 것이 바로 음악입니다. **음악**은 각각 음높이가 다른 음들을 조화시켜 만들어 낸 거예요.

음높이가 다르다는 건 무슨 말일까요?

음의 종류는 도, 레, 미, 파, 솔, 라, 시 등 일곱 가지인데, 이것을 **계이름**이라고 해요.

공기의 진동수가 높을 수록 높은 음이 만들어져요.

우리가 말하는 도는 1초 동안 공기가 264번 진동할 때 나는 소리예요. 이렇게 1초 동안 공기가 떨리는 횟수를 **진동수**라고 해요. 단위로는 **Hz**라고 쓰고 **헤르츠**라고 읽습니다.

레 음은 공기가 1초에 297번 진동할 때 나는 소리예요. 진동수가 297 Hz면 도 음보다 많이 진동하죠? 이처럼 소리는 공기의 진동이 귀로 전해지는 것이고, 공기들이 빨리 떨수록 높은 음이 만들어져요.

그런데 공기의 진동수를 크게 하려면 더 큰 에너지가 필요해요. 그러니까 레 음을 내려면 도 음보다 더 큰 에너지가 필요하답니다.

다른 음들의 진동수는 어떻게 될까요?

미는 1초에 330번, 파는 352번, 솔은 396번, 라는 440번, 시는 495번 공기가 진동해서 나는 소리예요. 시보다 높은 음은 다시 도가 돼요. 이 도는 '높은 도'라고 해요.

그러면 낮은 도와 높은 도는 어떤 관계가 있을까요? 높은 도는 낮은 도보다 진동수가 정확히 두 배 큽니다. 즉, 1초에 528번 공기를 진동시키면 높은 도가 만들어져요.

이런 식으로 진동수를 두 배 크게 하면 높은 레, 높은 미, 높은 파 등을 얼마든지 만들 수 있습니다.

생활 과학 카페

MP3란 무엇일까?

오래전 사람들은 전축의 턴테이블 위에서 빙글빙글 돌아가는 LP판(예전에는 레코드판이라고 부름)을 통해 좋아하는 음악을 들었습니다. 하지만 여러분은 LP판이나, LP판을 빙글빙글 돌리는 턴테이블이라는 장치가 아주 생소할 거예요. 요즘에는 주로 CD나 MP3 플레이어를 이용해서 음악을 듣기 때문이죠.

그렇다면 MP3는 무엇일까요?

가수들이 녹음실에서 녹음한 소리를 그대로 저장한 파일을 WAV파일이라고 합니다. 이것은 녹음실에서 나는 모든 소리를 저장하기 때문에 용량이 매우 큽니다. 용량이 큰 이 음악 파일을 저장하는 장치가 CD 또는 DVD입니다. 비록 과거의 LP판보다는 작아졌지만 역시 가지고 다니기에는 조금 큰 편이에요.

그래서 WAV파일을 압축하여 용량을 작게 만든 MP3 파일을 휴대하기 편한 MP3 플레이어에 저장하여 어디서든 간편하게 듣습니다.

MP3의 원리는 우리가 들을 수 있는 소리의 영역과 관계있습니다. 우리가 들을 수 있는 소리를 '가청 영역의 소리'라고 하는데, 가청 영역보다 진동수가 높거나 진동수가 작으면 우리 귀에 들리지 않아요. 그러므로 WAV파일에서 가청 영역 밖의 소리를 제거하면 음악 파일의 용량을 줄일 수 있어요. 이렇게 해서 만든 음악 파일이 바로 MP3파일입니다.

다양한 모양의 MP3

> 기본 다지기

1. 다음 중 소음이 아닌 것은?

    a) 긴 손톱으로 벽을 긁는 소리

    b) 자동차의 경적 소리

    c) 오디오에서 나오는 클래식 음악

2. 다음 중 진동수가 가장 큰 소리는?

    a) 레
    b) 파
    c) 시

3. 낮은 레 음의 진동수가 297 Hz일 때 높은 레 음의 진동수는 얼마인가?

    a) 240 Hz
    b) 500 Hz
    c) 594 Hz

서프라이즈 진실 혹은 거짓

1. 귀뚜라미 소리는 휴대전화로 들을 수 없다.

    ☐ 진실   ☐ 거짓

2. 임신한 소가 시끄러운 소리를 들으면 배 속의 태아가 죽을 수도 있다.

    ☐ 진실   ☐ 거짓

3. 10대들에게만 들리는 소리가 있다.

    ☐ 진실   ☐ 거짓

알쏭달쏭 내 생각

노뮤직 왕국 역도대회 결승전에 김호 씨와 이대팔 씨 두 사람이 올라가게 되었다. 많은 사람이 결승전 경기를 관람하기 위하여 노뮤직 왕국 역도경기장을 가득 메우고 있었다.

 사람들의 환호 속에 김호 씨가 150킬로그램을 들어 올렸다. 다음 차례인 이대팔 씨가 단상을 향해 힘차게 걸어갔다. 이대팔

씨는 155킬로그램에 도전하는 상황.

만일 이대팔 씨가 155킬로그램을 들어 올리면 이대팔 씨가 우승하고, 실패하면 김호 씨가 우승하는 중요한 순간이었다.

경기장 내에는 긴장감이 감돌았다. 이대팔 씨가 역기를 들어 올리려고 손에 힘을 주는 순간, 무대 가까운 데서 요란스럽게 휴대전화가 울렸다. 대회장 안이 잠시 술렁였지만 이대팔 씨는 있는 힘을 다해 역기를 들어 올렸다.

하지만 이대팔 씨는 머리 위까지 역기를 들어 올리지 못했고, 결국 경기는 김호 씨의 우승으로 끝이 났다.

휴대전화 벨 소리가 이대팔 씨의 경기에 영향을 주었을까? 여러분의 생각은?

☐ 영향을 주었다.   ☐ 영향을 주지 않았다.

아하! 알았다
정답

기본 다지기

1. c) 음악은 규칙적인 진동수를 가진 소리들이 모여 있는 것이므로 소음이 아니다.

2. c) 높은 음일수록 진동수가 큰 음이다.

3. c) 높은 레 음의 진동수는 낮은 레 음의 두 배이므로, 높은 레 음의 진동수는 594 Hz가 된다.

서프라이즈 진실 혹은 거짓

1. 진실
   휴대전화는 사람의 목소리만이 들리도록, 진동수 3300 Hz 이하의 소리들을 담도록 되어 있다. 그런데 귀뚜라미 울음소리는 진동수가 6500 Hz 이상의 고주파 음이므로 휴대전화로 들을 수 없다.

2. 진실
   소는 아주 예민한 동물이어서 스트레스를 쉽게 받는다. 그러므로 송아지를 가진 소에게 시끄러운 소리를 들려주면 소가 스트레스를 받아서 유산(태아가 죽는 것)할 수 있다. 그래서 공항 근처의 소들이 비행기 소리 때문에 유산하는 일이 자주 일어난다. 그러므로 소가 임신하면 조용한 환경을 만들어 주고, 소가 스트레스를 받아서 흥분하지 않도록 해야 한다.

3. 진실

사람은 2만 Hz의 소리까지 들을 수 있다. 하지만 나이가 들수록 듣는 능력이 약해져 점점 높은 진동수의 소리를 듣지 못하게 된다. 20대 이상이 되면 18000 Hz 이상의 소리는 들리지 않는다. 따라서 결국 이 소리들은 10대들의 귀에만 들리게 되는 것이다.

알쏭달쏭 내 생각

답 영향을 주었다.

사람은 대체로 소음을 들으면 힘이 약해지고, 듣기 좋은 음악을 들으면 힘이 강해진다.

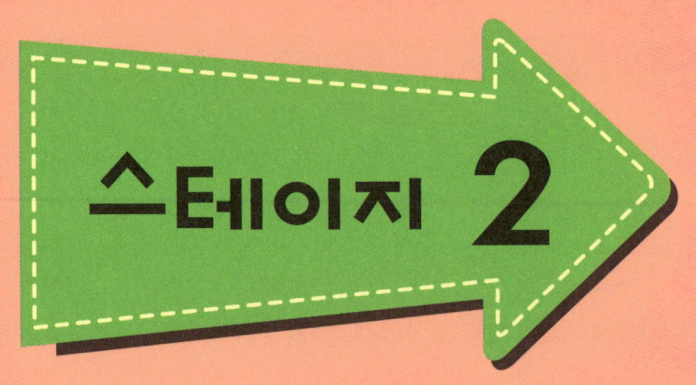

허리케인의 등장
현악기의 원리

줄의 진동이 줄 주위의 공기를 진동시켜 소리를 만드는 악기를 **현악기**라고 한다.

음악과 소리에 대한 피즈팬의 긴 설명을 듣고 난 후, 음치기박치기 왕은 침묵에 잠겼다. 훌륭한 음악이란 무엇이며 이를 백성에게 어떻게 알려야 하나, 고민되었기 때문이다. 생각에 빠져 있던 음치기박치기 왕은 무언가를 결심한 듯 자리에서 벌떡 일어나 뚜벅뚜벅 피즈팬 앞으로 걸어갔다.

"피즈팬 위원, 고맙습니다."

음치기박치기 왕은 피즈팬과 악수를 하기 위해 손을 내밀었다.

"아닙니다. 제가 한 거라곤 이 왕국에 진짜 음악이 없다는 사실을 찾아낸 것뿐인걸요. 제가 한 작은 일이 노뮤직 왕국의 밝은 앞날에 조금이라도 보탬이 될 수 있다면, 전 그것으로 만족합니다."

피즈팬은 악수에 응하며 공손히 고개를 숙였다.

"피즈팬 위원, 내가 한 가지 더 부탁을 해도 괜찮겠습니까?"

음치기박치기 왕은 피즈팬의 손을 꼬옥 잡으며 말했다.

"무엇이든 말씀하십시오."

피즈팬은 왕이 어떤 부탁을 하려는 것일까 궁금했다.

"노뮤직 왕국의 백성에게 진짜 음악이 무엇인지 알려 주었으면 좋겠어요. 이것이 나의 부탁입니다."

음치기박치기 왕은 피즈팬을 지그시 바라보았다. 한동안 피즈팬을 바라보던 음치기박치기 왕은 몸을 돌려 드렁큰 타이슨 쪽을 보며 말했다.

"이 일과 관련된 모든 권한을 피즈팬 위원에게 위임하겠어요. 괜찮겠죠, 드렁큰타이슨 위원?"

"예, 예, 뭐 그렇게 하시지요."

왕의 갑작스런 결정으로 드렁큰타이슨의 얼굴에는 불만이 가득했지만, 그가 어떻게 할 수 있는 일이 아니었다. 그리하여 그날로 피즈팬을 주축으로 한 '음악사랑위원회'(이하 '음사위')가 만들어졌다.

막대한 권한과 임무를 부여받고 집으로 돌아오는 피즈팬의 발걸음은 무겁기만 했다. 자신이 맡은 일이 노뮤직 왕국의 앞날에 얼마나 중요한 일인지 그 누구보다 잘 알고 있었기 때문이다. 게다가 그 일은 더 이상 지체해서는 안 될 일이었다.

'계속 이렇게 고민만 할 수는 없어. 그래! 일단 소리꾼부터 모아 보자!'

피즈팬은 그 길로 얼렁뚱땅일보를 찾아가 신문에 소리꾼을 모집한다는 광고를 냈다. 그리고 피즈팬 자신과 드렁큰타이슨, 음치기박치기 왕을 선발 오디션 심사위원으로 구성했다.

마침내 노뮤직 왕국의 소리꾼을 뽑는 날이 되자 많은 사람이 구경하기 위해 오디션장에 몰려들었다.

"첫 번째 도전자 마이클깡 씨 나와 주세요."

피즈팬이 첫 번째 도전자의 이름을 부르자, 깡마른 체격에 주근깨투성이인 남자가 오디션장으로 들어왔다.

"어떤 것을 보여 주실 건가요?"

피즈팬이 마이클깡에게 물었다.

"래…… 랩이오."

마이클깡은 개미만 한 목소리로 겨우 대답했다.

"어디 한번 들어 봅시다."

드렁큰타이슨이 말했다.

"흠, 흠, 할머니는 라면이 싫다고 하셨습니다, 할머니는 라면이 싫다고 하셨습니다, 아리아리 얄라리 얄라 얄라리……"

"아니 여보슈? 지금 뭐하자는 거요?"

조용히 진행되는 마이클깡의 랩을 끊고 드렁큰타이슨이 불쑥 끼어들었다.

"마이클깡 씨, 지금 랩이 아니라 그냥 글을 읽으셨네요. 랩이라고 음정 박자 없이 마구 내뱉으시면 안 되죠. 랩은 책 읽는 것과 다르다고요. 지금 하신 랩에서는 전혀 리듬감이 느껴지지 않아요. 죄송하지만 다음 기회에 뵙겠습니다. 자, 두 번째 도전자 고음안데르센 씨 나와 주세요."

피즈팬도 드렁큰타이슨과 의견을 같이하고 다음 도전자를 불렀다. 두 번째 도전자는 성악가처럼 뱃심이 두둑해 보이는 건장한 남자였다.

"어떤 걸 준비하셨나요?"

피즈팬이 물었다.

"예, 저는 버스의 '겁돌이'를 불러 보겠습니다."

고음안데르센이 대답했다.

"정말 버스의 '겁돌이'를 부르신다고요? 그건 한국의 인기가요인데 그걸 어떻게 알고……. 아무튼 그 노랜 보통 사람이 소화하기엔 아주 고음인 노래거든요. 기대됩니다, 고음안데르센 씨. 시작해 주세요."

피즈팬이 시작 사인을 보내자, 고음안데르센은 잠시 목

청을 가다듬은 후 노래를 시작했다.

"내 사탕 주세요~, 날 울리지 마요~, 공 차는 것보다 더 좋은 사탕 주세~ 요~ 오옥~!"

잘 나가다가 고음 부분에서 고음안데르센의 목소리가 갈라져 버렸다. 순간 오디션장은 어색한 침묵에 휩싸였다.

"아니 이 사람 안 되겠네. 이보슈, 고음안데르센 씨. 지금 높은음에서는 전혀 음정이 안 맞지 않수? 고음이 안 돼

고음안데르센 씬가? 아무튼 탈락!"

이번에도 드렁큰타이슨이 침묵을 깨고는 고음안데르센의 노래를 중단시켰다. 드렁큰타이슨은 오디션에 앞서 피즈팬으로부터 음악에 대한 강의를 받았기 때문에 이제는 진짜 음악이 무엇인지 조금은 알고 있었다.

드렁큰타이슨의 냉정한 평가에 고음안데르센은 머리를 긁적이며 멋쩍게 오디션장을 빠져나갔다.

"세 번째 도전자, 브레이크피트 씨 들어오슈."

드렁큰타이슨은 영 못마땅한 표정으로 세 번째 도전자를 불렀다.

세 번째 도전자는 자신의 몸 사이즈보다 두 치수는 더 커 보이는 티셔츠에, 바닥에 질질 끌리는 헐렁한 바지를 입고 있었다. 힙합 음악과 뮤직비디오를 본 모양이었다.

"자, 브레이크피트 씨 준비하신 것을 보여 주세요."

피즈팬이 브레이크피트에게 시작하라는 사인을 보냈다. 그런데 어찌된 일인지 시간은 계속 가는데 브레이크피트는 이리저리 몸을 비비 꼬기만 할 뿐이었다.

"브레이크피트 씨? 시작하시라니까요. 시간이 많지 않습니다."

피즈팬은 지켜보다 못해 공연을 시작하라고 소리쳤다.

"네? 벌써 다했는데요."

브레이크피트는 엉뚱한 표정을 지으며 대답했다.

"자자~ 됐고, 다음 후보. 윌리엄영구 씨 어서 들어오슈."

드렁큰타이슨은 이미 모든 것을 포기한 목소리였다.

"그럼 전 뽑힌 건가요?"

분위기도 모르고 브레이크피트는 오디션장 한가운데 서서 심사위원들을 향해 물었다. 그러자 드렁큰타이슨이 심드렁하게 대답했다.

"어? 아직 안 갔수? 당신은 앞으로 춤출 생각일랑은 절대 하지 마슈. 알겠수? 윌리엄영구 씨 들어오시네. 자, 그럼 브레이크피트 씨 조심해서 돌아가슈~."

드렁큰타이슨의 말에 무안해진 브레이크피트는 얼굴을 붉히며 서둘러 오디션장을 빠져나갔다.

네 번째로 들어온 윌리엄영구는 그냥 딱 봐도 기품 있는 외모의 소유자였다. 꼭 어느 왕국의 왕세자 같은 느낌이 드는 외모였다. 그러나 그의 노래는 노뮤직 왕국의 다른 사람들처럼 엉망이었다.

"피즈팬 위원, 과연 제대로 된 소리꾼을 찾을 수 있을까요? 벌써 네 번째 도전잔데……."

월리엄영구의 공연까지 지켜본 음치기박치기 왕이 피즈팬에게 귀엣말을 했다.

"곧 우리가 찾는 소리꾼이 나올 겁니다. 조금만 더 지켜보시죠, 전하."

피즈팬은 음치기박치기 왕에게 희망을 주고 싶었다. 그러나 사실 피즈팬의 마음도 불안하기는 마찬가지였다.

"윌리엄영구 씨, 다음 기회에 한 번 더 도전해 주세요."

피즈팬은 다른 때보다 더 힘이 들어간 목소리로 말했다.

"한 번 더 하라고요? 제 노래에 푹 빠지셨군요. 이해합니다. 원하신다면 뭐……."

윌리엄영구는 이럴 줄 알았다는 투로 대답했다.

"아니요, 윌리엄영구 씨, 다음에 도전하시라고요."

피즈팬은 다시 한 번 친절하게 말했다.

"음을 내보라고요?"

하지만 윌리엄영구는 계속해서 엉뚱한 대답만 했다.

피즈팬은 기운이 쭉 빠져 저절로 한숨이 다 나왔다. 이런 분위기에도 아랑곳하지 않고 윌리엄영구는 "미레……" 하고 음을 흥얼거렸다.

그런데 이 스쳐지나가는 소리가 피즈팬의 귀를 번쩍 뜨이게 했다.

"윌리엄영구 씨, 지금 무슨 소리를 내신 거죠?"

피즈팬은 의자를 박차고 일어났다.

"네? 소리가 작다고요?"

"무슨 말을 하든 상관없어요. 다시 한 번만 들려주세요."

"그야 뭐 어려울 건 없지만, 미레……."

"아니 이건!"

다시 한 번 차분히 윌리엄영구의 음정을 확인한 피즈팬은 놀라움과 기쁨에 휩싸여 자신도 모르게 소리쳤다.

윌리엄영구는 피즈팬이 듣건 말건 또 다른 음을 또 내뱉었다.

"미파, 미파!"

피즈팬과 윌리엄영구를 지켜보던 드렁큰타이슨과 음치기박치기 왕은 어린 피즈팬이 과중한 업무 때문에 스트레스를 받아 정신이 이상해진 것이 아닌가 하고 생각했다.

"전하! 이건 바로 말로만 듣던 절대음감입니다!"

피즈팬이 소리쳤다. 이 말을 잘못 알아들은 윌리엄영구는 몹시 불쾌해했다.

"뭐야, 내가 아무리 잘생겨도 그렇지, 사나이한테 절세미녀라니! 칭찬이야, 욕이야?!"

음치기박치기 왕은 놀라움을 감추지 못하고 자리에서 벌떡 일어났다.

"아니! 그렇다면 윌리엄영구 씨가, 피즈팬 위원이 말했던, 100년에 한 번 나올까 말까 한다는 그 절대음감의 소유자란 말입니까?"

피즈팬과 음치기박치기 왕은 드디어 제대로 된 소리꾼을 찾아낸 것을 깨닫고, 서로 부둥켜안고 기쁨을 나누었다. 옆에서 그 광경을 지켜보던 드렁큰타이슨도 뒤늦게 상황을 파악하고 환호성을 지르며 기쁨을 감추지 못했다.

그렇게 한 명의 소리꾼을 찾아낸 심사위원들은 다음 후보를 보기 위해 다시 자리에 앉았다.

"다섯 번째 도전자…… 레도…… 어? 레도모르오?"

피즈팬은 명단에 있는 이름을 보고 깜짝 놀랐다. 오디션장 무대 위에 서 있는 사람은 다름 아닌 레도모르오였다.

"레도모르오 씨!"

피즈팬은 반가운 마음에 소리쳤다.

"피즈팬, 하하. 그래 나야 나, 레도모르오. 피즈팬 네 덕분에 자유롭게 음악 활동을 할 수 있게 됐잖아. 그래서 고맙다는 말을 하러 온 거야. 정말 고마워."

말하는 레도모르오의 양 볼이 빨갛게 물이 들었다.

"그럼 오디션 보러 오신 게 아닌가요?"

"응, 이렇게 하면 널 만날 수 있을 것 같아서. 내가 무슨 재능이 있다고 오디션을 봐."

레도모르오는 쑥스러운 미소를 지었다.

"레도모르오 씨! 그날 당신의 음악이 없었더라면 오늘의 이 오디션도 없었을 거예요. 당신은 노뮤직 왕국이 인정한 음악의 아버지라고요. 당신의 노력을 하찮게 여기지 마세요. 그건 노뮤직 왕국의 음악에 대한 모독이니까요. 그렇죠, 전하?"

레도모르오에 대한 피즈팬의 격려에, 음치기박치기 왕도 수긍한다는 듯 고개를 끄덕이며 말했다.

"그래요, 레도모르오 씨. 당신의 그 음악에 대한 열정은 칭찬받아 마땅한 일이며, 노뮤직 왕국의 모든 백성이 본받아야 할 부분입니다. 레도모르오 씨! 우리와 함께 노뮤직 왕국에 음악이란 정원을 가꾸어 보지 않겠습니까?"

레도모르오는 한참 동안 고민하다가, 곧 결심이 선 얼굴로 무겁게 입을 열었다.

"전하, 그리고 피즈팬. 제 생각이 짧았습니다. 지금까지 저는 저 혼자만을 위한 음악을 만들어 왔습니다. 그런데 여기 계신 분들의 말을 듣고 보니 이제 저도 노뮤직 왕국의 음악 발전에 무언가 조금이라도 기여하고 싶어졌습니다. 제가 도울 수 있는 일이 있을까요?"

"물론이에요, 레도모르오 씨! 저희 소리꾼의 일원이 된 것을 축하드려요, 하하하."

피즈팬은 레도모르오의 결정을 진심으로 기뻐했다.

"자자, 다음 후보도 만나 봐야지. 어라? 이제 마지막 후보네. 자, 데이비드칠뜨기 씨, 들어오슈~."

드렁큰타이슨은 시원스럽게 마지막 후보의 이름을 불렀다. 조용히 문이 열리고, 광채 나는 물체 하나가 무대 위로 걸어 들어왔다. 아무리 눈을 비비고 다시 봐도, 얼짱도 이런 얼짱이 없었다. 금가루가 날리는 듯 반짝거리는 금발머리가 뽀송뽀송 찹쌀떡을 연상시키는 하얀 뺨 위로 흘러내리고 있었고, 푸른색 눈동자는 그 속에 풍덩 빠져 수영하

고 싶을 정도로 맑고 투명했다. 그리고 미소를 머금은 입술은 석류처럼 붉었다. 데이비드칠뜨기는 얼핏 봐서는 여자인지 남자인지 구분할 수 없을 만큼 예뻤다.

귀신에 홀린 듯 넋을 잃고 바라보던 드렁큰타이슨이 제일 먼저 질문을 던졌다.

"남자유? 여자유?"

"하하. 저는 노뮤직 왕국의 신체 건강한 청년이랍니다.

하하."

심사위원들은 놀라움을 금치 못했다. 클레오파트라도 울고 갈 만큼 눈부신 외모를 소유한 사람이 남자라니. 드렁큰타이슨의 얼굴에는 실망한 기색이 역력했다.

"거 참 안타깝구려……."

"네?"

혼잣말을 하다가 그만 데이비드칠뜨기에게 들켜 버린 드렁큰타이슨은 얼굴을 붉히며 말을 더듬었다.

"아, 아니…… 그건 그렇고…… 뭘 보여 줄 거유?"

"하하, 제 노래에 맞춰 실뜨기 안무를 보여 드릴게요."

"실뜨기 안무요? 어떤 건지 기대되는군요. 자, 시작해 주세요."

피즈팬 또한 눈을 떼지 않고 데이비드칠뜨기의 움직임을 지켜보았다. 데이비드칠뜨기는 주머니에서 기다란 실을 주섬주섬 꺼내 양끝을 묶었다. 그리고 그 안에 양손을 넣어 실뜨기를 하면서 노래를 불렀다.

"젓가락질 잘해야만 별을 집나요~, 반짝반짝 작은 별은

환히 비추네~"

　실뜨기의 모양은 데이비드칠뜨기의 입에서 흘러나오는 가사대로 젓가락, 작은 별 등등, 수십 가지 모양으로 바뀌었다.

　짝짝짝 —

　노래가 끝나자 기다렸다는 듯이 드렁큰타이슨이 힘차게 손뼉을 쳤다.

"브라보, 브라보!"

　박수만으로는 모자랐는지 드렁큰타이슨은 아예 자리에서 일어나 브라보까지 외쳤다.

"와우! 천상의 목소리네요! 안 그렇습니까 전하, 피즈팬?"

"그렇군요. 이토록 맑은 음색은 처음 들어 봐요. 아름다운 외모만큼이나 고운 목소리를 가지고 계시군요. 우리 앞으로 잘해 봐요."

　피즈팬도 데이비드칠뜨기의 실력을 높이 사며, 앞으로 열심히 해 줄 것을 부탁했다.

이렇게 해서 윌리엄영구, 레도모르오, 데이비드칠뜨기로 구성된 삼인조 그룹 '허리케인'이 결성되었다.

 노뮤직 왕국의 하나밖에 없는 대중가요 그룹 허리케인은 데뷔와 함께 백성으로부터 큰 사랑과 관심을 받았다.

 하지만 허리케인의 인기는 한 달이 지나자 수그러들기 시작했다. 인기 하락의 가장 큰 원인은 그들의 노래에 반주가 없다는 것이었다. 반주 없는 노래에 백성은 싫증을 내기 시작했다. 그리고 모창을 하는 짝퉁 가수들이 하나둘 생기면서 허리케인의 자리를 넘봤다.

 허리케인의 매니저인 피즈팬과 허리케인의 멤버들은 심각한 고민에 빠졌다. 모창 가수들과 차별화되는 그들만의 무언가가 필요했다.

 그러던 어느 날, 음악 프로그램 '노래중심'의 공연이 취소되어 한가롭게 연습실 근처 동네를 산책하던 윌리엄영구는 막 등산을 마치고 집으로 가던 사람들의 이야기를 우연히 듣게 되었다.

 "궁상 마을에 펜션이 들어온다며?"

"그렇대. 그곳을 음악 관광지로 만든다지?"

"하여간 펜션이 들어서면 대박이 날 거래."

귀를 쫑긋 세워 대화를 엿듣던 윌리엄영구는 쏜살같이 멤버들이 있는 연습실로 달려갔다.

"야! 내가 오늘 산책하다 들었는데 말이야. 정말 특종이야, 특종!"

연습실에 들어서자마자 윌리엄영구는 멤버들을 향해 소

리쳤다.

"뭔데 그렇게 호들갑이야?"

레도모르오가 물었다.

"궁상 마을에서 어떤 사람이 꽃무늬 팬티를 입으면 대박 난대!"

윌리엄영구는 흥분을 가라앉히지 못하고 말했다.

"궁상 마을의 어떤 사람? 레도모르오, 너 궁상 마을에 살잖아?"

데이비드칠뜨기가 레도모르오를 쳐다보았다.

"그래, 내가 궁상 마을에서 태어나서 여태까지 쭈욱……아니, 뭐라고?"

"그래 너, 하하! 네가 꽃무늬 팬티 입으면 대박 날 거래. 어때? 허리케인을 위해 한번 희생해라, 하하!"

"됐거든! 그런 거 다 미신이야. 그리고 난 그런 짓 절대 못 한다. 그렇게 알아!"

레도모르오는 버럭 화를 내고 연습실을 나가 버렸다.

"아니 쟤 뭐야…… 좋은 게 좋은 거라고 그래서 대박 나면 좋잖아. 안 그래, 데이비드칠뜨기?"

"하하. 근데 너 그 정보 확실한 거야? 그나저나 레도모르오 성격에 쉽게 할 수 있는 일은 아니네, 하하!"

다음 날 멤버들은 피즈팬을 만나기 위해 연습실 근처 식당으로 향했다. 그런데 웬일인지 레도모르오의 표정이 어두웠다. 전날 윌리엄영구의 말을 아직도 마음에 담아 두고 있는 것인지 걱정되어 데이비드칠뜨기가 물었다.

"레도모르오, 어디 불편해?"

"아니, 그냥 몸이 좀 안 좋아서. 걱정할 정도는 아니야."

"그러면 다행이고. 들어가자."

네 사람은 예약한 자리로 가서 각자 먹고 싶은 음식을 주문했다. 레도모르오는 가장 좋아하는 '황제돈까스'와 '나란히햄' 두 개를 두고 한참 고민하다가, 결국 양도 많고 맛도 좋은 황제돈까스를 시켰다.

식사를 마치고 모두 후식을 기다리고 있는데, 갑자기 레도모르오가 얼굴을 일그러뜨렸다. 레도모르오는 고통스러운 표정을 한 채 손으로 자신의 배를 살살 문질렀다.

"왜 그래? 배가 아픈 거야?"

데이비드칠뜨기가 물었다. 그때 윌리엄영구가 레도모르오의 배를 가리키며 웃음을 터뜨렸다.

"푸하하하! 야, 레도모르오! 너 혹시……?"

"뭐, 뭘?"

당황한 레도모르오가 윌리엄영구를 돌아보았다.

"요즘 네 취향은 꽃무늬냐?"

"꽃무늬라니?"

"아니, 속옷 말이야. 바지 위로 살짝 보인단 말야."

그 순간, '팅~' 하고 고무줄 끊어지는 소리가 났다. 레도모르오의 얼굴이 붉게 달아올랐다.

"야, 레도모르오, 하하하! 너 어젠 그렇게 싫다더니 결국 입었구나, 아하하하! 역시 레도모르오의 허리케인에 대한 사랑은 알아줘야 한다니까, 하하하하!"

데이비드칠프뜨기는 까무러칠 듯 크게 웃어 댔다.

"어, 그래…… 하하. 그, 그게 말이야. 아침에 옷 입으려고 보니 속옷이 다 안 말랐더라고. 그래서 급한 김에 엄마 걸 입고 왔는데."

"됐어, 됐어. 변명은 안 해도 돼, 하하. 네 맘 다 알아. 근데 피즈팬, 넌 뭐해?"

윌리엄영구는 혼자 생각에 잠겨 우두커니 앉아 있는 피즈팬을 불렀다. 하지만 피즈팬은 윌리엄영구의 말을 듣지 못하고 여전히 생각에 잠겨 있었다. 그러다가 "그래, 바로 이거야!" 하고 외치더니 급하게 식당을 뛰쳐나갔다.

며칠 뒤, 피즈팬이 허리케인의 연습실을 찾았다. 피즈팬은 손에 잘 다듬어진 기다란 나무판을 들고 있었다.

"피즈팬, 그게 뭐야?"

윌리엄영구가 호기심어린 목소리로 물었다.

"줄기타예요, 하하."

피즈팬은 자랑스럽게 나무판을 내보였다.

"줄기타? 그러고 보니 가운데에 줄이 하나 있네."

레도모르오도 신기한 듯 줄기타를 요리조리 살펴보았다.

"자, 어떻게 하는 건지 보여 드릴게요."

피즈팬은 자세를 바로잡고 왼손가락으로는 나무판 왼쪽의 줄을 누르고 오른손가락으로는 나무판 오른쪽의 줄을 튕겼다. 그러자 신기하게도 아름다운 소리가 울려 나왔다.

허리케인 멤버들은 기다란 줄 하나가 만들어 내는 음악에 푹 빠져 들었다. 피즈팬의 연주가 끝나자 데이비드칠뜨기가 물었다.

"우와! 어떻게 이런 연주가 가능한 거야? 피즈팬 너 정말 천재구나!"

데이비드칠뜨기는 감탄을 금치 못했다.

"데이비드칠뜨기 씨, 한번 연주해 보실래요? 실뜨기하는 솜씨로 봐선 줄기타 연주도 잘하실 것 같은데요."

"정말?"

피즈팬은 들고 있던 줄기타를 기뻐하는 데이비드칠뜨기에게 건넸다.

줄기타는 마치 데이비드칠뜨기를 위해 만들어진 듯 서로 아주 잘 어울렸다. 세 살 때부터 실뜨기에 소질을 보였던 데이비드칠뜨기도 금방 줄기타 연주법을 습득했다. 이대로만 하면 다음 주 생방송 '노래중심'에서 줄기타 연주를 선보일 수 있을 것 같았다.

일주일 뒤, 생방송 '노래중심' 무대에 허리케인 멤버들이 다시 등장했다. 가운데서 줄기타를 잡고 있는 데이비드칠뜨기의 머리칼이 화려한 조명으로 아름답게 반짝였다. 관객들은 데이비드칠뜨기의 자태에 흠뻑 빠져 들었다.

잠시 후 데이비드칠뜨기의 줄기타 연주가 시작되고, 멤버들의 목소리가 하나둘 줄기타의 멜로디에 실렸다. 멤버들이 혼신을 다해 부른 노래는 줄기타와 아름다운 하모니를 이루었다.

　노래가 끝났는데도 객석은 한동안 고요했다. 허리케인 멤버들은 순간 모두 당황하고 말았다. 하지만 이내, 공연장이 떠나갈 듯 박수와 함성이 터져 나왔다.

"꺄악!"

"허리케인 짱!"

"칠뜨기 오빠~ 너무 멋져요!"

　긴장했던 멤버들의 얼굴에 드디어 환한 웃음이 번졌다.

"야! 우리가 다시 해냈어!"

　레도모르오가 소리쳤다. 멤버들은 무대에서 내려와 서로 부둥켜안으며 기쁨을 나누었다. 객석의 환호는 오래도록 이어졌다.

"앵콜! 앵콜!"

"데이비드칠뜨기 오빠~, 꺄악!"

　사람들은 일제히 앵콜을 외쳤다. 허리케인은 다시 무대 위로 올라가 앵콜 공연을 마친 뒤에야 공연장 밖으로 빠져나갈 수 있었다.

그날의 공연 이후, 데이비드칠뜨기의 인기는 하늘 높은 줄 모르고 치솟았다. 노뮤직 왕국의 소녀들은 수려한 외모에 멋진 줄기타 실력까지 갖춘 데이비드칠뜨기에게 모두 마음을 빼앗기고 말았다.

당신은 스테이지 2를 통과했습니다.
다음 아이템을 받을 수 있습니다.

여러 개의 크고 작은 통

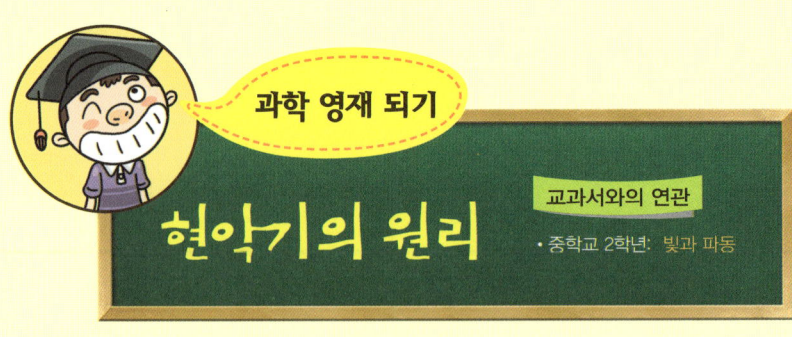

현악기

아름다운 음악을 만들어 내는 도구를 악기라고 합니다. 악기는 소리를 내는 방법에 따라 현악기, 관악기, 타악기로 나뉩니다.

자, 지금부터 현악기에 대해 알아볼게요.

현악기는 악기의 몸통에 맨 줄을 튕겨 소리를 내는 악기입니다. 현악기는 먼저, 악기의 줄을 활로 문지르거나 손으로 뜯거나 방망이로 두들기거나 쳐서 줄의 진동을 만들어 냅니다. 그러면 줄의 진동이 주위 공기를 진동하게 만들어 소리를 내요.

현악기는 바이올린, 비올라, 첼로, 콘트라베이스, 하프와 같은 서양악기가 있으며, 우리나라의

Tip
현악기
현은 한자로 絃이라고 쓰는데, 이것은 '줄'을 뜻한다.

악기로는 아쟁, 거문고, 가야금, 해금, 양금 등이 있습니다.

현악기의 원리

현악기는 줄의 길이에 따라 음의 높낮이가 달라집니다.

줄의 길이가 길수록 낮은음이 만들어지고, 짧을수록 높은음이 만들어져요. 그 이유는 줄이 짧을수록 줄이 더 빠르게 진동하기 때문이에요.

그러면 줄의 굵기와 음높이는 어떤 관계가 있을까요?

같은 재료로 만들어진 줄이라도 줄이 무거울수록 낮은음이 만들어집니다.

이유는 간단해요. 같은 힘으로 튕겨도 무거운 줄은 가벼운 줄에 비해 천천히 움직이는 성질이 있거든요. 이렇게 줄이 천천히 진동

명품 바이올린으로 꼽히는 과르니에리 델 제수(Guarnieri del Gesu). 세계에 150여 대밖에 없으며, 최근에 팔린 것은 가격이 무려 35억원 정도였다고 해요.

우리나라의 저음 악기인 아쟁은 가야금이나 거문고와 비슷하게 생겼습니다. 하지만 무릎에 올려놓고 연주하는 것이 아니라, 받침대에 올려놓고 활대로 그어 연주하는 것이 다릅니다.

하면 주위의 공기가 느리게 진동해서, 진동수가 작은 음인 낮은음이 만들어지는 거예요.

 굵은 줄을 튕기면 줄이 진동하는 모습은 다음과 같아요.

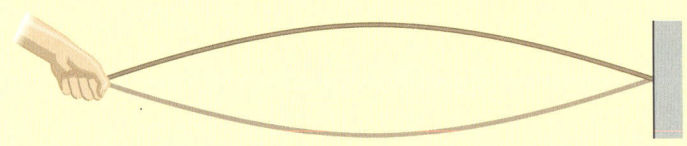

입술 모양처럼 진동하죠? 양 끝이 매여 있는 줄에서는 이런 모양의 파동이 만들어집니다.

가벼운 줄을 사용하면 어떻게 될까요? 그때는 다음과 같아요.

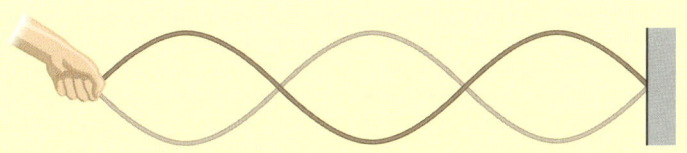

입술 모양이 여러 개 만들어지죠? 그래요. 줄이 가벼울수록 입술 모양의 파동이 더 많이 만들어집니다.

만약, 같은 길이의 줄일 경우, 입술 모양의 파동이 많이 만들어지는 줄일수록 진동수가 큰 음인 높은음이 나옵니다.

기타 줄을 감아 주는 이유

기타의 줄을 튕기다 보면 줄이 늘어나게 되고, 그러면 낮은음이 만들어진다. 늘어난 줄을 팽팽하게 감으면, 줄의 장력이 커지면서 진동수도 커져 낮아졌던 음이 제자리를 찾을 수 있다.

생활 과학 카페

바이올린과 피아노의 음정

바이올린과 피아노는 모두 현악기이지만 소리를 내는 방법은 완전히 다릅니다. 바이올린은 활로 직접 현을 진동시키지만 피아노는 건반을 누르면 건반과 연결되어 있는 현이 진동하게 됩니다. 즉, 바이올린은 연주자가 현을 직접 건드릴 수 있지만 피아노는 그럴 수 없어요.

비록 두 악기가 같은 현악기라도 이러한 차이점 때문에 피아노는 연주할 수 없고, 바이올린으로만 연주할 수 있는 테크닉이 있습니다. 그 대표적인 테크닉이 바로 '비브라토'입니다.

비브라토는 왼손으로 현을 잡은 후 현을 위아래로 약간씩 올렸다 내렸다 하면서 음이 떨리는 것 같은 효과를 내는 것을 말합니다. 이때 현이 오르락내리락하면서 만들어지는 음은 '도레미파솔라시도'로 나타낼 수 없는 음정이에요. 이 테크닉은 바이올린이나 비올라, 또는 기타와 같이 직접 손으로 현을 건드리는 악기에서는 가능하지만 피아노처럼 현을 직접 건드릴 수 없는 건반악기에서는 할 수 없답니다.

피아노에서 '미' 다음 음은 '파'예요. 미와 파 사이에 해당되는 음은 존재하지 않아요. 하지만 기타 연주에서는 기타 줄을 위로 올리는 방식에 의해 미와 파의 절반에 해당하는 음을 낼 수 있답니다. 그래서 기타의 연주 소리를 들으면 간혹 계이름을 알 수 없는 음이 들리기도 합니다.

> 기본 다지기

1. 다음 중 현악기가 아닌 것은?

    a) 비올라　　　　　b) 첼로　　　　　c) 플루트

2. 현철이는 고무줄을 이용해 줄기타를 만들었다. 고무줄의 길이를 달리해서 만들었는데, 다음 중 가장 높은 음을 내는 고무줄은 무엇일까?

    a) 10 cm 짜리 고무줄　　　　b) 15 cm 짜리 고무줄
    c) 20 cm 짜리 고무줄

3. 기타의 여섯 개 줄은 길이가 같다. 그런데 각각의 줄이 다른 소리를 내는 이유는 무엇일까?

    a) 줄의 무게가 달라서　　　　b) 줄의 색깔이 달라서
    c) 줄의 모양이 달라서

서프라이즈 진실 혹은 거짓

1. 피아노는 현악기다.

   ☐ 진실   ☐ 거짓

2. 모기의 윙윙거리는 소리는 높은 레 음과 비슷하다.

   ☐ 진실   ☐ 거짓

3. 피아노의 원래 이름은 피아노포르테다.

   ☐ 진실   ☐ 거짓

알쏭달쏭 내 생각

'잼스'는 최근 왼손잡이들이 모여 만든 4인조 아마추어 밴드다. 밴드의 베이스, 드럼, 기타는 물론 보컬까지 모두 왼손잡이였다.
 잼스의 멤버들은 오른손잡이처럼, 악기를 다루는 데 아무 문제없었다. 잼스는 한 달에 한 번씩 정기적으로 소외되고 어려운 이웃들에게 아름다운 음악을 들려주는 공연을 하기로 마음을 모았다.

밴드를 결성한 날, 멤버들은 각자 미리 연습을 한 후 다음날 다시 만나기로 하고 헤어졌다. 그런데 멤버 중 기타를 맡기로 한 기타만 씨는 사실 아직 기타가 없었다.

기타를 사기 위해 악기상가에 간 기타만 씨는 그곳에서 한눈에 마음에 쏙 드는 기타를 발견했다. 기타만 씨는 한 치의 망설임도 없이 그 기타를 구입했다.

집에 도착하자마자 자신의 방으로 달려간 기타만 씨는 의자에 앉아 기타의 줄을 튕겨보았다. 그런데 뭔가 소리가 이상했다. 아뿔사!

기타만 씨가 구입한 기타는 오른손잡이용 기타였다.

오른손잡이가 쓰는 기타를 고쳐 왼손잡이인 기타만 씨가 사용할 수 있도록 만드는 방법은 무엇일까? 여러분의 생각은?

아하! 알았다 정답

기본 다지기

1. c) 플루트는 관악기다.

2. a) 현악기에서는 줄의 길이가 짧을수록 높은음이 만들어진다.

3. a) 기타의 여섯 줄은, 길이는 같지만, 위에서 아래로 내려갈수록 가벼워진다. 그래서 아래로 내려갈수록 높은음이 나온다.

서프라이즈 진실 혹은 거짓

1. 진실

   피아노는 건반에 연결된 작은 망치가 줄을 치고, 줄이 진동하면서 주위의 공기를 떨리게 하여 소리를 퍼져나가게 하는 원리로 연주된다. 즉, 피아노는 줄의 떨림으로 소리를 내는 악기이므로, 바이올린이나 기타와 같은 현악기라고 할 수 있다. 덧붙여, 피아노 줄은 아주 단단하여 여러 사람이 매달려도 끊어지지 않을 정도여서, 영화에서는 공중을 나는 장면을 찍을 때 사용하기도 한다.

2. **진실**

   모기는 1초에 600번 정도 날갯짓을 하여 공기를 진동시킨다. 이때 만들어지는 소리는 600 Hz의 음이 된다. 이 음은 높은 레 음과 거의 비슷하다.

3. **진실**

   1709년 이탈리아의 크리스토포리가 만든 '피아노포르테'라는 악기의 이름이 줄어 '피아노'가 되었다.

알쏭달쏭 내 생각

답 순서를 거꾸로 하여 기타의 줄을 끼우면 된다.

즉, 맨 아래의 것을 맨 위로, 그 다음 것을 그 아래로, 그리고 맨 위의 것을 맨 아래로 끼우면 대칭성 때문에 왼손잡이용 기타를 만들 수 있다.

왼손잡이
(가는 줄 → 굵은 줄)

오른손잡이
(굵은 줄 → 가는 줄)

왼손잡이가 잡았을 때 기타가 바로 놓이는 위치

오른손잡이가 잡았을 때 기타가 바로 놓이는 위치

페가수스 vs 허리케인
타악기의 원리

북을 치면 가죽 주위에 있는 공기가 진동하여 소리가 난다. 이런 원리로 소리를 내는 악기를 **타악기**라고 한다.

보디가드 없이는 길거리도 마음대로 다닐 수 없을 정도로 인기스타가 된 허리케인은 매일매일 행복한 비명을 지르며 보냈다. 음치기박치기 왕으로부터 그동안의 공로를 인정받은 피즈팬은 한 달간의 포상휴가를 받아 해외여행을 떠났다. 허리케인의 활동이 어느 정도 안정되었기 때문에 피즈팬은 드렁큰타이슨에게 일을 맡기고 부담 없이 여행을 떠날 수 있었다.

그렇게 모든 것이 순조롭게 흘러가던 어느 날, 드렁큰타이슨이 굳은 표정으로 연습실을 찾았다.

"드렁큰타이슨 씨, 무슨 일이에요?"

데이비드칠뜨기가 드렁큰타이슨의 표정을 살피며 물었다. 드렁큰타이슨은 대답 대신 얼렁뚱땅일보를 탁자 위에 내려놓았다. 얼렁뚱당일보 1면에는 세 명의 꽃미남 사진이 실려 있었다. 그동안 얼렁뚱땅일보의 1면은 항상 허리케인이 장식했었는데, 이번에는 새로운 인물이 특종으로 다뤄지고 있었다.

데이비드칠뜨기의 눈에 커다란 기사 제목이 들어왔다.

'혜성처럼 나타난 신인, 페가수스! 꽃미남에 라이브 실력과 기타 연주도 수준급'

"무슨 일인데?"

방금 화장실에서 나온 윌리엄영구가 멤버들을 헤치고 탁자 위의 신문을 집어 들었다.

"페가소스? 새로 나온 소슨가? 이것 때문에 다들 벌레 씹은 표정이야?"

"바보야, 페가소스가 아니라 페가수스야. 꽃미남에다 여섯 줄짜리 기타도 연주한대. 우리 한 줄짜리 줄기타로는 상대도 안 돼."

 레도모르오가 맥 빠진 목소리로 말했다.

 과연 레도모르오의 말대로, 다음 날부터 허리케인의 스케줄은 하나씩 취소되기 시작했다. 허리케인이 서기로 했던 무대는 모두 페가수스가 공연하고 관객들의 박수를 받았다. 그렇게 며칠이 지나자 사람들의 기억 속에서 허리케인이란 이름은 어느새 희미하게 사라져 갔다.

 한편, 피즈팬은 아프리카의 한 부족 마을에서 휴가의 마지막 날을 보내고 있었다. 마침 그날은 '부족민 대화합의 날'이라, 모든 부족민이 어울려서 즐기는 축제의 밤이 한창 준비되고 있었다. 축제의 밤은 남녀노소, 부자, 거지, 현지인, 외국인 구분 없이 누구나 함께 즐길 수 있어서, 피즈팬은 기대감으로 한껏 부풀어 있었다.

 "빰바이야~ 아~ 아~ 아~"

 추장이 축제의 시작을 알리는 소리를 외치자, 원주민들이 몰려나와 춤을 추며 노래를 부르기 시작했다. 대부분의 사람들은 코코넛 통을, 어떤 이들은 깡통을 숟가락으로 두들겨 댔다.

원주민들이 통을 두드려 내는 소리는 흥을 돋우는 데 그만이었다. 피즈팬은 자신도 모르게 흥이 올라 어깨를 들썩이며 춤을 췄다.

"그래, 맞아! 이거였어. 허리케인에게 2퍼센트 부족한 건 바로 리듬이었어! 노뮤직 왕국으로 돌아가면 신나는 리듬 소리를 낼 타악기를 만들어야겠어!"

피즈팬은 뜻하지 않은 아이디어까지 얻어, 휴가지에서의 마지막 밤을 더욱 즐겁게 보낼 수 있었다.

다음 날, 노뮤직 왕국으로 돌아온 피즈팬은 예상치 못했던 일에 깜짝 놀라고 말았다. 사람들은 모두 허리케인이 아니라 페가수스라는 새로운 그룹에 환호하고 있었다. 거리에서도 허리케인의 노래가 더 이상 흘러나오지 않았다.

"어떻게 된 거지?"

피즈팬은 사태를 파악하기 위해 허리케인의 연습실로 향했다.

연습실 문을 열고 들어가 보니 연습실 분위기는 그야말로 침울했다. 드렁큰타이슨은 며칠째 수염을 깎지 않았는지 덥수룩해 보이는 얼굴로 책상에 앉아 있었고, 허리케인 멤버들도 연습은 하지 않고 침통한 얼굴로 멍하니 앉아 있었다.

"피즈팬…… 우리 이제 어떡해?"

피즈팬을 보자 윌리엄영구가 눈물을 글썽였다. 그리고 그동안의 일들을 모두 들려주었다.

"뭐라구요? 6줄짜리 기타요? 음…… 강적이군. 하지만 걱정하지 말아요. 제가 아프리카를 여행하며 새로운 악기를 구상해 왔거든요. 6줄짜리 기타쯤은 문제없어요. 이 악기만 완성되면 허리케인의 음악은 사람들의 심장을 울리게 될 거예요. 저만 믿으세요!"

멤버들은 피즈팬이 자신감을 보이는 이유를 알 수 없었지만, 분명히 뭔가 특별한 것이 있음을 느꼈다. 그래서 절망은 버리고 열심히 피즈팬의 의견을 따르기로 했다.

며칠 뒤, 피즈팬은 무언가를 낑낑대며 연습실 안으로 끌고 들어왔다.

"보고 있지만 말고 좀 도와주세요."

피즈팬은 멀뚱히 쳐다보고만 있는 허리케인 멤버들에게 부탁했다.

"아니, 피즈팬 이게 뭐야? 악기 만들어 온다더니, 큰 통, 작은 통……, 솥뚜껑? 설마 이게 악기는 아니지?"

레도모르오가 설마 하는 표정으로 물었다.

"아니긴요, 맞아요. 사람들의 심장을 울리게 할 대단한

녀석이라고요."

"이게? 그냥 괴물상에서 주워 온 거잖아!"

윌리엄영구는 기대했던 피즈팬의 아이디어가 실망스런 눈치였다.

"괴물상이 아니라 고물상이겠죠. 고물상에서 주워 온 거 맞아요. 하지만 한번 이 악기 소리를 들으면 오랫동안 잊지 못할 거예요."

피즈팬은 싱긋 웃은 후, 나무 막대기로 큰 통, 작은 통, 솥뚜껑을 돌아가며 두드렸다.

쿵쿵 따 쿵쿵 따, 쿵쿵 따 쿵쿵 따 ─

피즈팬의 연주를 듣고 있던 데이비드칠뜨기가 조금씩 리듬을 타다가 그 박자에 맞춰 줄기타를 연주하기 시작했다. 피즈팬이 만들어 낸 리듬과 데이비드칠뜨기의 멜로디가 조화를 이루자, 지금까지 들어 보지 못한 새로운 음악이 완성되었다.

멤버들은 한참 동안 새로운 음악, 그 문화적 충격에서 헤어나지 못했다.

"와우, 굉장해! 정말 심장이 쿵쾅거리는걸. 같은 나무 막대기로 두드리는데 큰 통, 작은 통의 소리가 달라. 어떻게 이런 일이 가능하지?"

레도모르오가 흥분을 감추지 못하고 피즈팬에게 물었다.

"물체를 두들겨서 소리를 내는 악기를 '타악기'라고 해요. 크고 무거운 물체를 두들길수록 더 낮은 음이 만들어지죠. 레도모르오 씨, 이 악기는 레도모르오 씨가 연주해 보는 게 어때요? 예전에 레도모르오 씨는 막대기로 벽을 두드리고 손톱으로 유리창을 긁는 음악을 했잖아요, 하하. 어때요?"

피즈팬은 레도모르오에게 리듬 악기를 권했다.

"정말 내가 할 수 있을까?"

레도모르오는 선뜻 하겠다는 대답을 못하고 머뭇거렸다.

"그럼요! 레도모르오 씨, 당신의 능력을 보여 주세요."

피즈팬은 레도모르오에게 용기를 북돋아 주었다.

그날 이후 레도모르오는 여러 개의 통과 솥뚜껑을 발과 양손을 이용해 두드리며 리듬 악기 연습에 혼신의 힘을 다했다. 팔다리를 따로 움직여야 했기 때문에 익숙해지는 데 많은 시간이 필요했다.

 드디어 생방송 '노래중심'에서 처음으로 리듬 악기를 선보이는 날이 되었다. 무대는 세 명의 허리케인 멤버와 줄

기타, 그리고 덩치 큰 리듬 악기로 가득 찼다. 처음 보는 악기에 관객들의 반응은 시큰둥했다. 게다가 허리케인이 무대 위에 서 있는데도 페가수스의 이름을 외쳐 댔다. 허리케인 다음으로 페가수스가 나올 예정이기 때문이었다.

  허리케인 멤버들은 관객들의 반응에 굴하지 않고 연주를 시작했다.

  쿵쿵쿵 땡 쿵쿵 땡 —

  레도모르오가 리듬 악기를 치기 시작했다. 그리고 곧 데이비드칠뜨기의 줄기타 선율이 더해지고, 세 명의 환상적인 하모니가 합세했다. 멤버들의 조화는 완벽했다.

허리케인의 연주에 "페가수스!"를 외치던 소리는 금세 잦아들었다. 그리고 엉덩이를 의자에 가만히 붙여 놓지 못하고 들썩이는 관객들이 하나둘 생겨났다. 급기야 자기 흥을 주체하지 못한 관객들은 무대 앞까지 뛰쳐나와 폴짝폴짝 뛰기도 했다. 이제 사람들은 입을 맞춰, 페가수스가 아닌 허리케인을 외쳤다.

허리케인의 열정적인 공연이 끝나자 다음 차례인 페가수스가 무대 위에 올랐다. 그러나 여전히 객석에서는 허리케인을 환호했다.

"앵콜, 앵콜!"

"페가수스는 들어가고 허리케인 나와라!"

"허리케인 짱!"

관객들은 심장을 두드리는 허리케인의 음악에 푹 빠져 버렸다. 사람들은 더 이상 멜로디만 있는 페가수스의 음악에 만족할 수가 없었다. 그날 페가수스는 준비한 공연을 모두 마치지 못하고 무대에서 내려와야 했다.

당신은 스테이지 3을 통과했습니다.
다음 아이템을 받을 수 있습니다.

여러 개의 유리잔

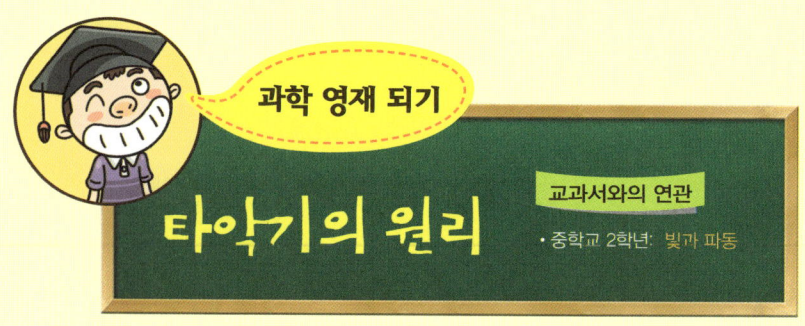

타악기

현악기와 마찬가지로 타악기도 이름에서 그 소리가 나는 원리를 알아낼 수 있어요.

'타'는 한자로 打라고 쓰는데, 이것은 '치다', '때리다'를 뜻해요. 즉, **타악기**는 물체를 치거나 때려서 소리를 만드는 악기입니다.

배를 불룩하게 앞으로 내밀고 손으로 때려 보세요. '둥' 하고 소리가 날 거예요. 그러니까 사람의 배도 타악기 역할을 한다는 걸 알 수 있어요.

북을 치면 소리가 나는 이유

타악기 중에서 가장 대표적인 건 뭘까요? 맞아요, 북이에요. 북의 가죽을 때리면 소리가 납니다. 왜 소리가 날까요?

북의 가죽을 때리면 가죽이 들어갔다 나왔다 하는 진동을 해요. 이때 북 가죽의 진동이 주위의 공기를 진동시켜요. 그 진동이 우리 귀에까지 전해져 고막을 눌렀다 잡아당겼다 해요. 그러면 고막에 연결된 듣기신경이 그 정보를 뇌에 전달해 어떤 소리인지를 알 수 있는 거랍니다.

그런데, 가죽의 진동이 정말 주위 공기를 진동시키는지 어떻게 알 수 있을까요? 물론 공기는 눈에 보이지 않으니까 눈으로는 볼 수 없어요. 하지만 간단한 실험으로 공기의 진동을 볼 수 있습니다.

자, 여기에 북이 하나 있어요. 그리고 그 앞에는 불을 붙인 양초를 세워 두었어요.

 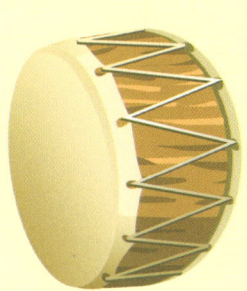

북을 치기 전에 양초의 불꽃은 똑바로 위로 올라간 채 멈춰 있어요. 이제 북을 쳐 볼게요.

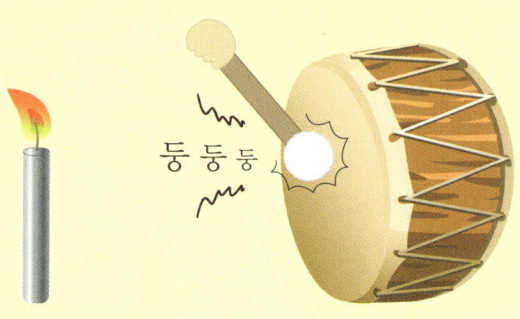

불꽃이 흔들리죠? 북을 치면 주위의 공기가 진동을 하면서 옆으로 퍼져나가니까, 그 영향을 받은 양초의 불꽃이 흔들리는 거예요.

이렇게 간단한 실험으로 타악기 소리가 전해지는 원리를 알아보았습니다.

생활 과학 카페

드럼의 다양한 소리

최근 초등학생들 중 드럼을 배우는 어린이가 많이 늘었다고 합니다. 리듬 악기의 대명사인 드럼을 보면, 여러 개의 북과 심벌이 붙어 있습니다. 왜 이렇게 많은 북과 심벌이 필요할까요?

그것은 바로 다양한 음을 만들어 내기 위해서랍니다. 비록 드럼이 멜로디를 연주하지는 않지만 상황에 따라 높은음의 북소리와 낮은음의 북소리를 내야 합니다. 그래서 드럼에는 다양한 음높이를 갖는 여러 가지 크기의 북을 사용합니다.

드럼에서 가장 큰 북은 오른발로 페달을 밟아 북을 두드려서 소리를 냅니다. 악기의 크기가 클수록 낮은음이 나오므로 이 북이 가장 낮은 소리를 내지요. 그래서 이 북을 '베이스 드럼'이라고 부른답니다.

베이스 드럼 위에 쌍둥이처럼 놓여 있는 두 개의 작은 드럼은 '탐탐'이라고 부릅니다. 북을 쳤을 때 나는 소리가 "탐 탐" 소리처럼 들린다고 해서 붙여진 이름이에요. 탐탐은 드럼을 이루는 북 중에서 가장 작기 때문에 가장 높은 음의 소리를 낼 수 있습니다.

> 기본 다지기

1. 다음 중 타악기가 아닌 것은?

   a) 팀파니   b) 실로폰   c) 파이프오르간

2. 다음 국악기 중 타악기가 아닌 것은?

   a) 장구   b) 징   c) 아쟁

3. 큰북보다 작은북에서 높은음이 나는 이유는?

   a) 작은북 주위의 공기가 더 빠르게 진동하기 때문에
   b) 작은북 주위의 공기가 더 큰 진폭으로 진동하기 때문에
   c) 작은북 주위의 공기가 북에 더 자주 충돌하기 때문에

서프라이즈 진실 혹은 거짓

1. 작은 종을 치면 큰 종을 칠 때보다 높은 소리가 나온다.

    ☐ 진실   ☐ 거짓

2. 우리나라에 세계에서 가장 큰 타악기가 있다.

    ☐ 진실   ☐ 거짓

3. 숟가락을 젓가락으로 때려 종소리를 낼 수 있다.

    ☐ 진실   ☐ 거짓

알쏭달쏭 내 생각

최근 타악기협회와 사이가 나빠진 현악기협회와 관악기협회는 타악기협회의 공연에 현악기와 관악기 연주자들이 참석하지 못하게 했다. 그러면 아름다운 멜로디를 내는 악기가 없어 공연하기 어려울 거라 생각했기 때문이다.

그런데 얼마 후, 타악기협회는 타악기만으로 구성된 연주회를 열었고, 아름다운 멜로디가 있는 연주를 들려주었다.

타악기협회는 어떤 악기로 멜로디를 냈을까? 여러분의 생각은?

기본 다지기

1. c) 파이프오르간은 바람을 일으키는 모터나 풀무를 이용하여 일정한 공기의 압력을 만든 다음, 이를 여러 통로를 통해 파이프로 보내 소리를 만들어내는 건반악기다. 또한 파이프오르간은 각각의 음을 낼 수 있는 수백 또는 수천 개의 피리를 열고 닫아 소리를 내므로, 일종의 관악기라고도 볼 수 있다.

2. c) 아쟁은 7개의 현으로 된 현악기로, 활을 문질러서 소리를 낸다. 고려 시대부터 전해 내려왔으며, 모양은 가야금과 비슷하고 저음을 낸다.

3. a) 큰북보다 작은북이 진동수가 더 크기 때문이다. 즉 작은북 주위의 공기가 더 빠르게 진동한다.

서프라이즈 진실 혹은 거짓

1. 진실
   타악기의 경우, 물체가 작을수록 높은 진동수의 음이 만들어진다. 그러므로 작은 종은 큰 종보다 고음을 낸다.

2. 진실
   대전의 혜천대학에는 높이 78 m, 무게가 50톤인 '카리용(carillon)'이라는 악기가 있다. 이 악기는 크기가 다른 종들을 강철선으로 건반과 연결해 놓은 것으로, 5 kg의 작은 종부터 10톤짜리 종까지 모두 78개의 종이 사용되었으며, 소리는 3 km까지 퍼져 나간다.

혜천대학의 카리용은 세계 최대의 것으로 기네스북에 올랐습니다. (사진제공 : 혜천대학)

3. 진실

금속 숟가락을 실로 묶어 양 끝을 잡고 실 끝을 귀에 댄다. 그리고 금속 젓가락으로 숟가락을 때리면 은은한 종소리가 들린다. 원리는 간단하다. 실에 매달지 않고 때렸을 때 나는 소리는 여러 가지 진동으로 이루어져 있어 고른 음으로 들리지 않고, 잡음이 많이 포함되어 있다. 하지만 숟가락을 실에 매달면 진동이 실을 통해 전달되고 흡수되면서 일정한 형태의 진동수를 가진 음들만 남아 은은한 종소리로 들린다.

알쏭달쏭 내 생각

답 타악기에는 멜로디를 낼 수 있는 악기들이 몇몇 있는데, 그중 가장 흔히 쓰이는 악기가 바로 실로폰이다. 실로폰은 두께를 서로 달리하여 음을 맞춘 단단한 나무 막대 음판들을 피아노 건반과 같은 방식으로 배열하고, 그 음판 아래에 금속 공명관을 부착하여 만든다. 음판은 대개 장미 나무로 만들며, 음판 아래에 있는 공명관은 소리의 음질을 높여 주고 진동이 오래 계속되도록 도와주는 역할을 한다.

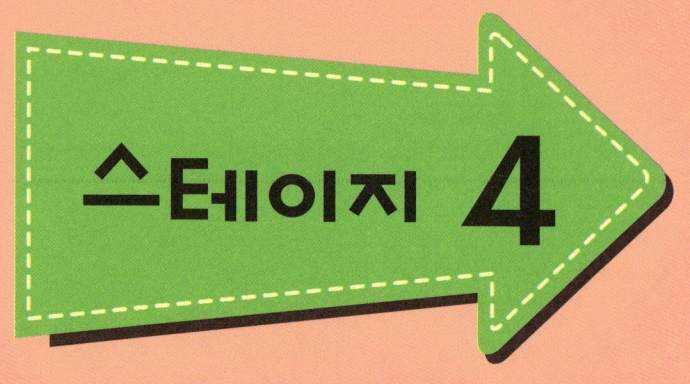

다시 돌아온 허리케인
관악기의 원리

관 속의 공기를 진동시켜
소리를 내는 악기를 **관악기**라고 한다.

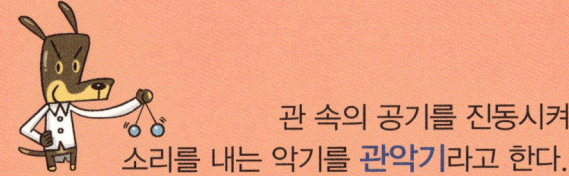

다시 정상의 자리에 오른 허리케인! 허리케인의 사무실에는 매일같이 수백여 통의 팬레터가 날아들었다. 합숙소 앞은 허리케인의 얼굴을 한 번만이라도 보기 위해 몰려든 팬들로 밤낮 없이 북적였다.

"와, 레도모르오! 리듬 악기를 연주한 이후로 인기 급상승인데."

드렁큰타이슨이 넓은 품에 팬레터를 한가득 안고 들어오며 말했다.

"아니 그게 다 레도모르오 거라고요?"

데이비드칠뜨기가 물었다.

"그렇다니까. 하긴 나도 레도모르오의 리듬 연주를 듣고 있으면 심장이 쿵쾅거리고 신이 나니까, 뭐. 밤낮 가리지 않고 연습한 결과지. 안 그래, 윌리엄영구? 하

하, 어째 요즘 네 팬레터는 뜸하다."

 드렁큰타이슨은 생각 없이 말했지만, 윌리엄영구는 그만 마음에 상처를 입고 말았다.

 '뭐야! 다른 애들은 악기도 다루니 폼이 나지만 난 만날 노래만 부르니 팬이 줄어드는 게 당연하잖아. 왜 나만 차별하는 거야!'

 "내가 웃는 게 웃는 게 아니라고……!"

 윌리엄영구는 멤버들을 향해 이 말 한마디를 남기고 자기 방으로 들어가 버렸다.

다음 날 아침, 윌리엄영구를 깨우기 위해 방에 들어간 피즈팬은 방이 비어 있는 것을 발견했다.

"드렁큰타이슨 씨! 레도모르오, 데이비드칠뜨기 씨! 어서 이리 와 봐요!"

피즈팬의 다급한 목소리를 듣고 멤버들은 윌리엄영구의 방으로 달려왔다. 조그만 쪽지 하나가 책상 위에 놓여 있었다.

'천장의 목소리, 윌리엄영구는 내가 데려간다.'

"뭐야! 윌리엄영구가 납치라도 됐다는 거야?"

드렁큰타이슨이 소리쳤다.

"그런 것 같아요……, 흑!"

피즈팬은 눈물을 글썽였다.

"피즈팬, 울지 마. 우선 경찰에 신고하자. 경찰이 윌리엄영구를 꼭 찾아 줄 거야."

데이비드칠뜨기가 어깨를 다독이며 피즈팬을 달랬다.

'허리케인의 메인보컬 윌리엄영구 실종! 범인은 누구?'

이 일은 얼렁뚱땅일보와 포털사이트 사이버뉴스에 대서

특필되면서 노뮤직 왕국을 술렁이게 만들었다.

수많은 팬과 노뮤직 왕국의 백성이 걱정하는 가운데 이틀이라는 시간이 지났다. 윌리엄영구의 행방은 여전히 오리무중이었다.

"설마 무슨 나쁜 일이 생긴 건 아니겠죠?"

소파에 앉아 초초하게 전화를 기다리고 있던 피즈팬이 데이비드칠뜨기를 보며 걱정스럽게 물었다.

"아무 일도 없을 거야. 조금만 더 기다려 보자."

그런데 다들 걱정하는 것과 달리, 레도모르오는 사건이 발생했던 날부터 혼자 깊은 생각에 잠겨 있었다.

"레도모르오, 무슨 생각하는 거야?"

데이비드칠뜨기가 물었다.

"좀 이상하지 않아?"

"뭐가?"

"그렇잖아. 윌리엄영구의 방에서 발견된 쪽지에서 이상하게 윌리엄영구의 냄새가 나."

"윌리엄영구 방에서 발견됐으니까 그렇겠지."

드렁큰타이슨이 대수롭지 않다는 듯 말했다.

"아니, 그게 아니라요, 월리엄영구의 느낌이 난다 그런 말이죠. 잘 생각해 보세요. 월리엄영구는 사실, 절대음감을 절세미녀라고 알아듣는 등 어휘력에 문제가 있었잖아요. 여기 이 쪽지도 보세요. 천장의 목소리? 뭔가 좀 어색하잖아요?"

레도모르오의 지적에 다들 깜짝 놀랐다. 그러고 보니 쪽지에서 말하려고 했던 건 천장의 목소리가 아니라 천상의 목소리인 듯했다. 그때였다.

　때르르릉~ 때르르릉~

　전화벨이 울렸다. 경찰서였다.

　"여보세요? 네, 네? 월리엄영구를 찾았다고요? 네, 지금 당장 가겠습니다."

　월리엄영구를 찾았다는 말에 모두 경찰서로 향했다. 다행히 월리엄영구는 무사했다.

　"월리엄영구, 어떻게 된 거야! 얼마나 걱정했다고! 진짜 납치라도 됐던 거야?"

　데이비드칠뜨기가 월리엄영구를 보자마자 소리쳤다.

　"으…… 응, 괘…… 괜찮아."

　월리엄영구의 목소리는 가늘게 떨리고 있었다.

　"소리 질러 미안해. 그냥 많이 걱정이 돼서 나도 모르게 큰 소리가 나왔어. 이제 우리 곁으로 돌아왔으니까 안심해. 그리고 범인은 경찰 아저씨들이 꼭 잡아 주실 거야."

　데이비드칠뜨기는 월리엄영구를 토닥이며 위로했다.

　며칠 뒤, 얼렁뚱땅일보와 포털사이트 사이버뉴스에 또

다시 윌리엄영구에 대한 기사가 났다.

'윌리엄영구 실종사건. 단순 납치극인가? 자작극인가?'

게임을 하려고 인터넷에 접속해 있던 레도모르오가 인터넷 기사를 발견했다. 기사를 읽고 난 레도모르오는 자신의 심증을 확신했다. 레도모르오는 윌리엄영구를 찾아갔다.

"윌리엄영구, 나 다 알고 왔으니까 사실대로 말해 줘. 이번 납치사건 어떻게 된 거야?"

레도모르오가 진지하게 물어보자 윌리엄영구의 얼굴이 금세 어두운 빛으로 일그러졌다.

"흑, 레도모르오, 나 이제 어쩌면 좋아? 이렇게까지 일이 커질 줄 몰랐어. 난 내가 허리케인에서 인기도 없고, 있어도 그만 없어도 그만이란 느낌이 들었어. 그래서 정말 그런가 한번 확인해 보고 싶었어. 노뮤직 왕국 사람들이, 그리고 허리케인 팬들이 나에게 한 번만 주목해 주길 바랐던 것뿐이야, 흑흑."

레도모르오를 통해 이 소식을 전해들은 멤버들은 적잖은 충격을 받았다. 그리고 다음 날부터 인터넷 포털사이트는 허리케인에 대한 악플로 도배되다시피 했다. 하룻밤 사이에 안티 사이트가 수십 개 생겨났고, 허리케인은 치명적인 이미지 손상을 입었다.

"자, 어떡하겠나. 이렇게 된 거, 여기서 찢어져야지. 노뮤직 왕국의 음악 역사에 한 획을 그은 것으로 만족하자고. 자, 다들 축 처져 있지 말고 힘내. 지금은 헤어지지만 언젠가 다시 새로운 음악으로 뭉치자고. 피즈팬, 예전에 내가 널 어리다고 무시했었지, 하하. 그런데 내가 네게 배운 게 더 많구나. 레도모르오, 데이비드칠뜨기 그리고 윌리엄영구! 모두 다 재능이 있으니까 어디 가서든 잘 살 수 있을 거야. 그럼 이제 다들 제 갈 길로……, 흑."

드렁큰타이슨은 끝말을 맺지 못하고 흐느꼈다. 피즈팬과 다른 멤버들도 고개를 떨어뜨린 채 찔끔찔끔 눈물을 흘렸다. 가장 괴로운 것은 윌리엄영구였다.

"죄송해요…… 흑흑……."

이렇게 해서 허리케인의 모든 식구는 각자 제 갈 길을 찾아 나섰다.

해체 이후, 멤버들은 이 마을 저 마을로 거리 공연을 다니며 생계를 유지했다. 밥을 먹는 때보다 굶는 때가 더 많았지만, 다시 만날 날을 고대하며 하루하루를 버텼다.

그러던 어느 날, 노뮤직 왕국 시내에 대규모 칵테일 하우스가 새로 문을 연다는 소식이 들려왔다. 개점을 맞아 무료 시식회를 한다는 광고를 보고 피즈팬은 자신도 모르게 그곳으로 걸음을 옮겼다.

피즈팬이 칵테일 하우스에 들어서자 누군가가 피즈팬을 불렀다.

"어이, 피즈팬!"

소리가 나는 곳으로 고개를 돌려 보니 레도모르오가 테이블에 앉아 손을 흔들고 있었다. 그리고 또 다른 한 명이 피즈팬 곁으로 다가왔다.

"어? 데이비드칠뜨기 씨도?"

"이런 데서 만나다니! 정말 우린 고래힘줄 같은 인연인가 봐, 하하. 오는 길에 드렁큰타이슨 씨도 만났는데⋯⋯ 아, 벌써 저쪽에서 드시고 계시네. 아무튼 못 말린다니까, 하하하. 우리도 뭐 좀 먹자."

데이비드칠뜨기는 요구르트와 조각 케이크, 쿠키, 과일 등을 가져와 피즈팬에게 주었다. 피즈팬은 윌리엄영구 생각이 나서 코끝이 찡해졌다.

"이 자리에 윌리엄영구 씨만 있다면 우리 허리케인 멤버들이 다 모이는 건데……."

그때였다. 요란한 조명과 음악이 칵테일 하우스를 뒤흔들었다.

"자, 지금부터 개점 기념 축하 공연, 윌리엄영구의 칵테일 쇼가 열립니다."

사회자의 목소리가 마이크를 통해 흘러나오자 홀 안에 있던 사람들이 "와아!" 하고 환호성을 질렀다.

"뭐? 윌리엄영구?"

레도모르오와 데이비드칠뜨기, 피즈팬, 드렁큰타이슨은 눈이 휘둥그레졌다. 칵테일 쇼를 하러 나온 사람은 정말 윌리엄영구였다. 윌리엄영구는 허공을 가로지르는 화려한 손동작으로 사람들의 혼을 빼놓았고, 완성된 칵테일을 유리잔에 따르기 전에 손님들을 향해 윙크를 날렸다. 여자 손님들은 소리를 지르며 야단법석이었다.

한편, 윌리엄영구는 열렬히 환호하는 손님들을 보다가 눈이 동그래졌다. 자신을 바라보고 있는 허리케인 멤버들을 발견한 것이었다. 윌리엄영구는 믿을 수 없어서 두 눈을 비비고 다시 한 번 멤버들을 보았다. 그 순간, 윌리엄영구의 가슴팍에 달려 있던 철제 이름표가 유리잔 위로 떨어졌다.

쨍그랑—

그날 저녁, 칵테일 하우스 한 켠에서 허리케인 식구들이 다시 모였다. 멤버들은 그동안 자신들이 겪은 일들을 서로에게 이야기하느라 시간 가는 줄 몰랐다.

"야, 진짜 고생했구나! 난 아직도 가끔 우리가 함께했던 시간을 화상하곤 해. 근데 피즈팬은 또 어디 간 거야?"

윌리엄영구가 말했다.

"하하, 넌 여전하구나! 화상이 아니라 회상이겠지. 그러고 보니 아까부터 피즈팬이 안 보이네?"

피즈팬을 찾던 레도모르오의 눈길이 출입문 쪽에서 멈추었다. 무언가 딸그락거리는 소리가 들려왔기 때문이었다. 역시 피즈팬이 유리컵들이 놓인 쟁반을 들고 걸어오고 있었다.

"피즈팬, 이건 또 뭐냐?"

드렁큰타이슨이 물었다.

"물컵 악기예요. 아까 윌리엄영구 씨의 이름표가 유리잔에 부딪히며 떨어지는 걸 보고 생각해 낸 거예요."

피즈팬은 싱긋이 웃으며 말했다.

"역시 우리 피즈팬은 사소한 것 하나도 그냥 지나치는 법이 없어, 하하하."

얼큰하게 취한 드렁큰타이슨이 호탕하게 웃었다.

"이게 악기라고? 피즈팬, 정말 이걸로 연주가 가능해? 어떻게 물 높이만 다를 뿐인 유리컵들로 연주가 가능하다는 거야?"

눈을 껌뻑이며 윌리엄영구가 물었다.

"물컵을 두드리면 컵이 떨리면서 컵 속의 공기를 떨게 하여 소리를 내는 거예요. 물을 적게 담으면 컵이 빠르게 진동하니까 공기의 진동도 빨라져서 높은음이 나오죠. 물 높이

만 조절하면 도레미파솔라시의 음을 만들 수 있어요. 한번 들어 보실래요?"

피즈팬은 일렬로 놓인 쟁반 위의 물컵들을 가지고 물컵 연주를 시작했다.

띵띵띵 띵~ 땡땡땡 땡~

가게 안에 있던 손님들은 눈과 귀가 피즈팬의 연주를 들으며 물컵이 내는 맑은 음색에 매료되어 갔다. 그리고 어느새 사람들의 입에서 노래가 흥얼흥얼 흘러나왔다.

"고요한 밤…… 거룩한 밤……"

그렇게 재회의 밤은 깊어 갔다.

다음 날 오후, 허리케인 멤버들은 '행복한고아원'을 찾았다. 지난밤 멤버들은 그동안 인기만 쫓느라 주위의 어려운 사람들을 돌아보지 못한 것을 깊이 반성했었다. 멤버들은 각자 어려웠던 자신들의 경험으로 외롭고 도움이 필요한 사람들에게 자연스럽게 관심을 갖게 된 것이었다.

멤버들은 아르바이트로 번 돈을 조금씩 모아 선물을 마련했다. 그리고 지난밤 피즈팬이 만들어 낸 물컵 악기로

 고아원 친구들에게 멋진 음악 선물도 선사했다. 물컵 악기 연주는 자신만의 악기가 없었던 윌리엄영구가 맡았다. 유리컵의 맑은 울림은 고아원 친구들의 마음속에 고요히 퍼져 나갔다.

 며칠 뒤 포털사이트 인터넷 뉴스에 허리케인에 대한 기사가 떴다. 그날 고아원에서의 선행을 어떤 시민기자가 기사화한 것이었다.

이 따뜻한 이야기는 금세 노뮤직 왕국 전체에 퍼져 나갔고, 음치기박치기 왕의 귀에도 들어갔다. 노뮤직 왕국 백성은 허리케인에 대한 향수에 젖어 다시 허리케인의 노래를 듣고 싶어했다. 음치기박치기 왕은 이러한 백성의 여론을 받아들여 허리케인을 궁으로 초대했다.

"피즈팬, 드렁큰타이슨 위원, 그리고 허리케인. 그동안 얼마나 고생했는지 들었습니다. 노뮤직 왕국에 음악이라는 정원을 가꿔 준 것도 모자라, 이번엔 남몰래 선행까지 했더군요. 나는 여러분이 허리케인이라는 이름으로 다시 음악 활동을 했으면 합니다. 그렇게 해 주겠습니까?"

가만히 음치기박치기 왕의 말을 듣고 있던 허리케인 멤버들은 닭똥 같은 눈물을 뚝뚝 흘렸다. 팀이 해체되고 힘들었던 기억들이 머릿속에서 주마등처럼 스쳐지나갔다. 음치기박치기 왕은 말을 이었다.

"그러면 그렇게 하는 걸로 알겠습니다, 하하. 그리고 그 첫 번째 무대는 이번 크리스마스가 될 것 같군요. 노래중심의 크리스마스 특집 방송에서 봅시다."

12월 25일. 하늘에서 허리케인의 컴백을 축하라도 하는 듯 하얀 눈이 흩날렸다. 무대 위에 선 허리케인 멤버들은 그 어느 때보다 진지했다. 줄기타를 들고 선 데이비드칠뜨기, 듬직하게 리듬 악기 앞에 앉은 레도모르오, 그리고 물컵 악기 앞에서 해맑은 웃음을 짓고 선 윌리엄영구. 이들의 하모니는 그 어떤 때보다 아름다운 리듬과 멜로디를 만들어 냈다.

공연의 마지막, 윌리엄영구의 독주가 시작되었다.

띵띵띵 띵~ 땡땡땡 땡~

물컵 악기의 맑은 소리가 공연장 구석구석에 울려 퍼졌다. 객석에는 음악이 싫다던 쿠울 아주머니, 오디션에서 떨어졌던 마이클깡, 고음안데르센, 브레이크피트의 모습도 보였다. 사람들은 하나둘 허리케인의 노래를 따라 부르기 시작했다.

"고요한 밤 거룩한 밤 어둠에 묻힌 밤~"

감동적인 윌리엄영구의 공연이 끝나자 허리케인 전 멤버들은 손에 손을 맞잡고 관객들에게 인사를 했다. 객석을 바라보는 허리케인 멤버들의 눈가는 눈물로 반짝였다. 음치기박치기 왕 양옆에 자리 잡고 앉아 있던 피즈팬과 드렁큰타이슨의 눈가에도 어느새 눈물이 맺혔다.

축하합니다.

당신은 모든 스테이지를
통과했습니다.

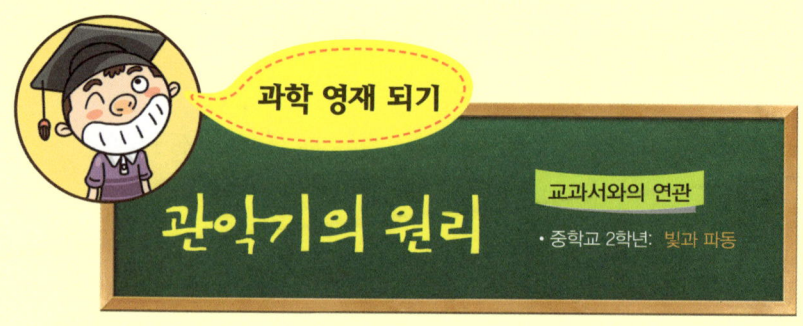

관악기의 원리

이번에는 관악기에 대해 알아보겠습니다.

관악기는 관 안의 공기를 진동시켜 소리를 내는 악기입니다. 처음에는 나무로 만들다가 요즈음에는 금속으로 만들지요. 나무로 만든 관악기를 **목관악기**, 금속으로 만든 것을 **금관악기**라고 합니다. 플루트, 클라리넷, 트럼펫과 같은 악기가 대표적인 관악기랍니다. 우리나라 관악기는 대금, 중금, 피리, 퉁소, 단소 등이 있어요.

우리나라 악기인 대금(위)과 서양 악기인 플루트(아래)는 가로로 쥐고 부는 가로피리의 한 종류입니다.

목관악기는 관 입구의 가장자리에 공기를 부딪쳐 소리를 내거나, 리드(reed, 얇은 진동판)의 진동으로 소리를 냅니다. 플루트, 클라리넷, 오보에, 색소폰 같은 금속제 관악기도 목관악기에 포함돼요.

금관악기는 트럼펫, 트럼볼, 튜바, 호른 등이 있으며, 컵 모양의 마우스피스를 이용하여 관의 한 끝으로 숨을 불어넣는 연주자의 두 입술의 진동으로 소리를 냅니다.

관악기에서 높은음과 낮은음은 어떻게 만들어질까요?

그것은 관의 길이와 관계있어요. 관의 길이가 짧으면 높은음이, 길면 낮은음이 만들어집니다.

관악기 만들어 보기

음료수 마실 때 사용하는 빨대 여덟 개만 있으면 집에서 간단하게 관악기를 만들 수 있어요. 한번 만들어 볼까요?

먼저, 빨대를 다음과 같은 길이로 자릅니다.

8 cm, 7.1 cm, 6.4 cm, 6 cm,
5.3 cm, 4.8 cm, 4.3 cm, 4 cm

이 길이로 자른 여덟 개의 빨대 끝을 클립으로 눌러 납작하게 만든 다음, 불로 살짝 녹입니다. 끝이 부드러워지면 손가락으로 꾹 눌러서 끝을 막습니다. 이렇게 한쪽 끝을 막은 빨대 여덟 개를 길이 순서대로 세워 붙입니다. 이때 구멍이 열려 있는 부분의 높이는 같게 합니다. 그러면 그림과 같이 된답니다.

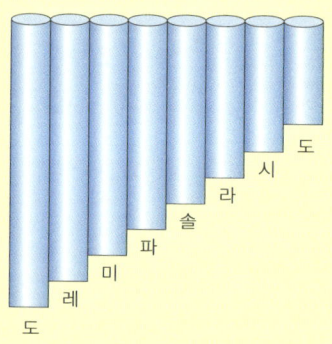

자, 멋진 빨대 관악기가 완성되었습니다. 빨대 관악기를

> **Tip**
> **피리는 관의 길이가 같은데, 왜 여러 가지 소리가 나올까?**
> 피리에는 구멍이 여러 개 있다. 피리에 있는 구멍을 손가락으로 모두 닫으면 관의 길이가 길어진 것처럼 되어 낮은음이 나온다. 반대로 구멍을 모두 열면 관의 길이가 짧아진 것처럼 되어 높은음이 나온다.

불어 보면, 길이가 긴 것부터 차례로 '도레미파솔라시도' 음이 만들어질거예요.

큰 악기와 작은 악기

관의 길이는 같지만 굵기가 다를 때는 어떻게 될까요?

관의 굵기가 굵을수록 낮은음이 나옵니다. 예를 들어, 목소리를 내는 사람의 성대도 훌륭한 관악기라고 할 수 있는데, 여자가 남자보다 목소리가 높은 것은 바로 여자의 성대가 남자의 성대보다 가늘기 때문이에요.

보통 덩치가 큰 악기가 작은 악기보다 낮은음이 나옵니다. 호루라기를 볼까요?

호루라기는 작은 통 속에서 공기가 진동하여 그 진동이 작은 구멍을 통해 밖으로 퍼지면서 소리가 만들어집니다. 이때 호루라기의 통이 너무 작아서 귀에 거슬리는 높은음이 나오는 거예요. 만일 호루라기를 아주 크게 만들면 낮은음이 나올 거예요.

생활 과학 카페

여러 가지 관악기

관악기에는 플루트, 클라리넷, 트럼펫, 트롬본 등 여러 종류가 있습니다. 이 악기들은 어떤 원리를 이용해서 여러 가지 음을 낼까요?

옆으로 들고 연주하는 플루트는 연주자가 입으로 만드는 바람이 소리를 만듭니다. 이 바람이 플루트 구멍의 모서리에 충돌하면서 다양한 소리를 내지요.

거의 원통모양의 클라리넷은 마우스피스에 끼운 리드를 진동시켜서 소리를 내는데, 손가락 구멍과 키를 사용하며 낮은 음역의 소리를 냅니다.

그러면 밸브가 세 개뿐인 트럼펫은 어떻게 여러 가지 소리를 낼 수 있을까요?

트럼펫은 마우스피스에 입술을 대고 숨을 불어넣는 연주자의 입술을 진동시켜 직접 공기를 떨리게 해서 소리를 만듭니다. 입술의 진동으로 만든 음파의 파장이 관 길이의 자연수의 배가 될 때 소리가 납니다. 그래서 밸브를 하나도 누르지 않은 상태에서도 트럼펫으로 다양한 소리를 만들어 낼 수 있습니다. 트럼펫에서 밸브는 입술이 만드는 소리의 중간 음을 내기 위해 사용되는 장치랍니다.

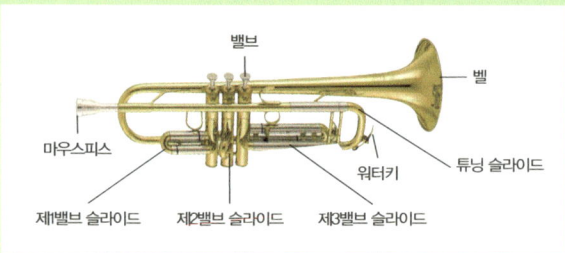

기본 다지기

1. 다음 중 관악기가 아닌 것은?

    a) 트럼펫　　　　b) 튜바　　　　c) 실로폰

2. 빨대 피리에서 미 음이 나오는 빨대의 길이는?

    a) 8 cm　　　　b) 6.4 cm　　　　c) 4.8 cm

3. 다음 중 관악기가 소리를 내는 원리와 다른 것은?

    a) 풍선에서 공기가 빠지면서 나는 소리
    b) 방귀 소리
    c) 미닫이문을 밀 때 나는 소리

서프라이즈 진실 혹은 거짓

1. 속이 빈 대롱에 구멍을 뚫고 입으로 불어서 소리를 내는 관악기를 카주(Kazoo) 피리라고 한다. 미국에 있는 어떤 카주 피리는 2미터가 넘는다.

   ☐ 진실   ☐ 거짓

2. 색소폰은 플루트보다 낮은 소리를 낸다.

   ☐ 진실   ☐ 거짓

3. 어른의 성대가 어린이의 성대보다 굵다.

   ☐ 진실   ☐ 거짓

알쏭달쏭 내 생각

물리학자 슈타인은 평소 장난하기를 좋아했다. 주변 사람들은 그런 슈타인의 장난기를 잘 알면서도 번번이 그의 장난에 당하고 말았다.

어느 날 물리학자 슈타인은 동료와 함께 오페라 '천상의 소리'

프리마돈나인 소프라노 가수의 초대를 받았다. 공연 첫날, 두 사람은 관람을 위해 오페라하우스를 찾았다. 그런데 공연시각보다 한참 일찍 도착한 것이었다.

　물리학자 슈타인은 공연이 시작되기를 마냥 기다리고 있기가 지루하고 무료했다. 그래서 자신과 동료를 오페라에 초대해 준 소프라노 가수에게 감사의 인사를 전하기로 했다. 동료가 공연이 끝난 후 만나자고 말렸지만 슈타인은 벌써 대기실을 향하고 있었다.

　소프라노 가수를 만나자 물리학자 슈타인은 장난기가 슬슬 발동했다. 슈타인은 크립톤이 들어 있는 풍선을 소프라노 가수에게 건네고 풍선의 공기를 마시게 했다. 크립톤(Kr)은 공기보다 무거운 기체다.

　소프라노 가수는 크립톤을 마신 후 바로 노래를 불렀다.

소프라노 가수의 목소리는 어떻게 변했을까? 여러분의 생각은?

　　　　□ 아주 높은 음이 나왔다.
　　　　□ 아주 낮은 음이 나왔다.

아하! 알았다 정답

기본 다지기

1. c) 실로폰은 (이미 살펴보았듯이) 타악기다.

2. b) 8 cm 빨대에서는 도, 7.1 cm 빨대에서는 레, 6.4 cm 빨대에서는 미 음이 만들어진다.

3. c) 미닫이문을 밀 때 나는 소리는 문과 바닥 사이의 마찰 때문에 나는 소리로, 관악기에서 소리가 나는 원리와 다르다.

서프라이즈 진실 혹은 거짓

1. 진실

    1975년 미국 뉴욕에서 만들어진, 세계에서 가장 큰 카주 피리는 높이가 2.1미터, 폭이 1.3미터다.

금속으로 된 카주

2. **진실**

   관이 굵을수록 낮은음이 나오므로, 색소폰이 플루트보다 낮은음을 만들어 낸다.

3. **진실**

   사람의 목소리는 관 모양의 성대를 울려 만들어지는 것이다. 어른의 목소리가 어린이의 목소리보다 음이 낮은 것은 사람의 성대가 변성기가 지나면서 굵어지기 때문이다.

알쏭달쏭 내 생각

답 **낮은음이 나온다.**

문제에서 말했듯이 크립톤은 공기보다 무거운 기체로, 움직임이 공기보다 느리다. 따라서 이 기체를 마시고 소리를 내면 공기의 진동이 느려져 낮은음이 나온다.

부록 과학자가 쓰는 과학사

피타고라스가 쓰는 음악과학사

피타고라스
(BC 570년경 ~ BC 492년경)

피타고라스와 음악

안녕하세요. '피타고라스의 정리'로 유명한 수학자 피타고라스입니다. 나는 먼 옛날 사모스라는 섬에서 태어났어요. 사모스 섬은 그리스의 식민지였지만 학문과 문화가 발달한 항구도시였지요.

무역 상인인 아버지의 높은 교육열 덕에 나는 어려서부터 학문뿐만 아니라 그림과 운동, 리라연주 등 최고의 교육을 받으며 성장했어요. 또한 수학을 가르쳐주던 스승 탈레스의 권유로 이집트에 유학을 가서 오랫동안 수학과 기하학, 천문학 등을 공부했고, 한동안 페르시아에 머물기도 했습니다. 이후 고향인 사모스 섬에 돌아와 학교를 세우려 했지만 뜻을 이루지는 못했어요. 대신 이탈리아의 남부 크로톤에 정착하여 학교를 설립했답니다.

 나를 추종하는 사람들이 학교에 모여들고 피타고라스학파가 만들어졌습니다. 그들에게 나는 처음부터 수학을 가르치지 않았어요. 무엇보다 먼저 마음을 깨끗이 하는 법과 철학을 가르쳤지요. 왜냐하면 수학은 인간과 신을 연결하는 학문이라고 믿었기 때문이에요.

 나는 몸과 마음을 깨끗이 하지 않고 사치스럽게 사는 등 올바른 철학 정신을 지니지 않은 채 섣불리 수학을 공부하면 미칠 수 있다고 제자들에게 경고했어요. 따라서 제자들이 내게 수학을 배우려면 오랜 시간 동안 경건한 마음으로 금욕생활을 해야 했답니다.

 충분한 경지에 오르게 된 제자는 마침내 수학을 배울 수 있었는데, 이들을 '마테마테코이'라고 불렀습니다. 이 말은 '수학을

부록 피타고라스가 쓰는 과학사

공부하는 학생'이라는 뜻입니다.

나는 만물의 근원을 '수'로 보았어요. 수로부터 모든 모습과 생각이 나오며, 선과 악도 수로 묘사될 수 있다고 믿었어요. 당시에는 0이 없었기 때문에 나는 1부터 시작되는 자연수를 주로 연구했습니다. 자연수를 홀수와 짝수로 분류하고, 짝수는 2로 나누어떨어지는 수로, 홀수는 그렇지 않는 수로 나타냈어요.

또한 각각의 수에 개별적인 의미를 부여했습니다. 1은 수의 근원으로 이성을 상징하며, 2는 여성, 3은 남성, 4는 정의를 상징합니다. 5는 2와 3의 합이므로 결혼을 상징해요. 6은 1+2+3인데, 나는 이것이 창조를 상징한다고 여겼어요. 내가 생각한 가장 신성한 수는 1, 2, 3, 4의 합인 10입니다.

한편, 나는 수와 도형과의 관계를 매우 중요하게 생각했습니

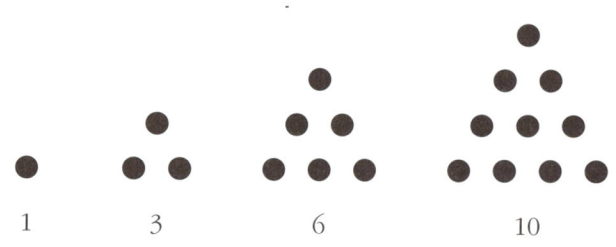

다. 예를 들어 다음 수들을 볼까요?

　이 수들은 삼각형 모양을 만들 때 사용되는 점의 개수로, 삼각수라고 불렀어요. 즉, 삼각수는 1, 3, 6, 10, …… 입니다.

　이와 같은 방법으로 사각수에 대해서도 연구했습니다.

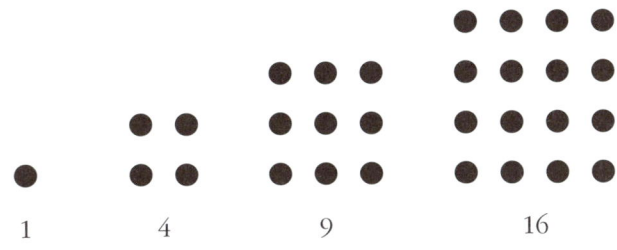

　사각형을 이루는 점들의 개수를 사각수라고 부르는데 1, 4, 9, 16, …… 입니다.

　나는 재미있는 규칙을 만족하는 수들을 끊임없이 찾아내 그런 수들의 공통 성질을 찾는 데 심혈을 기울였어요. 그렇게 찾아낸 수 중 대표적인 것이 '완전수'입니다. 완전수를 이해하기 위해서는 약수에 대해 먼저 알아야 합니다.

　약수는 어떤 수를 나누어떨어지게 하는 수를 말합니다. 예를

부록 피타고라스가 쓰는 과학사

들어 2는 6을 나누어떨어지게 하는 수이므로 약수입니다. 6의 약수를 모두 쓰면 1, 2, 3, 6인데, 여기서 자기 자신인 6을 제외한 약수를 '진약수'라고 합니다. 즉, 6의 진약수는 1, 2, 3입니다. 6의 진약수를 모두 더하면 원래의 수 6이 된답니다. 이와 같이 진약수의 합이 그 수와 같은 수를 나는 완전수라고 불렀어요. 완전수 중에서 6은 가장 작은 완전수랍니다.

  완전수가 아닌 수는 진약수의 합이 그 수와 같지 않은데, 그런 수는 두 종류가 있습니다. 예를 들어, 8의 진약수 1, 2, 4의 합이 8보다 작으므로, 8은 완전수가 아닙니다. 나는 이렇게 진약수의 합이 원래의 수보다 작은 수를 '부족수'라고 불렀습니다.

  또 다른 예를 들어볼까요? 12의 진약수는 1, 2, 3, 4, 6이고, 진약수의 합은 16으로 12보다 큽니다. 나는 이처럼 진약수의 합이 원래의 수보다 큰 수를 '과잉수'라고 불렀습니다.

  이와 같이 나는 자연수를 홀수와 짝수로 분류할 수 있을 뿐만 아니라 완전수, 부족수, 과잉수로 분류할 수 있다는 것을 알아냈습니다.

음악 역시, 나는 수의 비율로 나타낼 수 있다고 생각했습니다. 그래서 수의 아름다운 조화를 이용하여 음계를 만들었어요. 음계의 이름은 '도레미파솔라시도'로 불립니다.

나는 현악기에서 줄의 길이의 비가 $1 : \frac{2}{3} : \frac{1}{2}$ 이 될 때 세 음이 가장 잘 어울린다는 것을 알아냈습니다. 그리고 이 세 수의 나열인 $1, \frac{2}{3}, \frac{1}{2}$ 을 '조화수열'이라고 이름 붙였어요.

$1, \frac{2}{3}, \frac{1}{2}$ 의 역수를 취하면 $1, \frac{3}{2}, 2$ 가 되는데, 이 세 수의 비를 구하면 다음과 같습니다.

$$1 : \frac{3}{2} : 2 = 2 : 3 : 4$$

현악기는 줄을 퉁겼을 때 만들어지는 공기의 진동을 일으켜 소리를 만들어요. 줄의 길이에 따라 다른 음이 나오는데, 길이가 짧은 줄을 퉁기면 높은음이, 길이가 긴 줄을 퉁기면 낮은음이 나옵니다.

'도' 음을 만드는 줄의 길이를 1이라고 할 때, 이 줄의 길이를 $\frac{2}{3}$ 로 해 주면 도보다 5도 높은 '솔' 음이 납니다. 나는 5도 차이가 나는 도와 솔 음은 아주 조화를 잘 이룬다고 생각했습니다. 또 줄의 길이를 $\frac{1}{2}$ 로 하면, 도보다 8도 높은 '높은 도' 음이 나오

> 부록   피타고라스가 쓰는 과학사

는데, 이것도 역시 도와 조화를 이루는 음이에요.

이 방법으로 다른 음이 나오는 과정을 한번 살펴볼까요?

솔보다 5도 높은 음은 '높은 레'입니다. 솔 음을 만들 때 줄의 길이가 $\frac{2}{3}$이므로, 줄의 길이가 다시 이것의 $\frac{2}{3}$배가 되면 높은 레가 됩니다. 그러므로 높은 레를 만드는 줄의 길이는

$$\frac{2}{3} \times \frac{2}{3} = \frac{4}{9}$$

입니다. 높은 레는 레보다 8도 높으므로, 레의 줄 길이는 높은 레의 줄 길이의 두 배인 $\frac{8}{9}$이 된답니다.

이번에는 '파' 음을 내는 줄의 길이를 알아볼게요.

파는 높은 도보다 5도 아래예요. 파 음을 내는 줄의 길이를 x라고 하면 $x \times \frac{2}{3}$가 바로 높은 도를 내는 줄의 길이인 $\frac{1}{2}$이에요. 그러므로 x를 구하면 다음과 같아요.

$$x \times \frac{2}{3} = \frac{1}{2}$$

$$x = \frac{3}{4}$$

즉, 파 음을 내는 줄의 길이는 $\frac{3}{4}$이랍니다.

'라' 음을 내는 줄의 길이를 계산해 볼까요?

레에서 음을 5도 높이면 라 음이 만들어져요. 그러므로 라의 줄 길이는 레의 줄 길이의 $\frac{2}{3}$배, 즉

$$\frac{8}{9} \times \frac{2}{3} = \frac{16}{27}$$

입니다.

나는 이러한 방법을 이용하여 모든 음계에 대한 줄의 길이를 계산했어요. 그 결과를 정리하면 다음과 같답니다.

음계	도	레	미	파	솔	라	시	높은 도
줄의 길이	1	$\frac{2}{3}$	$\frac{64}{81}$	$\frac{3}{4}$	$\frac{2}{3}$	$\frac{16}{27}$	$\frac{128}{243}$	$\frac{1}{2}$

GO! GO! 과학특공대 14

울려라 울려 악기과학

지은이 • 정 완 상
펴낸이 • 조 승 식
펴낸곳 • 도서출판 이치 사이언스
등록 • 제9-128호
주소 • 01043 서울시 강북구 한천로 153길 17
홈페이지 • www.bookshill.com
전자우편 • bookshill@bookshill.com
전화 • 02-994-0583
팩스 • 02-994-0073

2012년 1월 10일 제1판 1쇄 발행
2018년 2월 10일 제1판 4쇄 발행

가격 7,500원

ISBN 978-89-91215-54-2
978-89-91215-70-2(세트)

• 잘못된 책은 구입하신 서점에서 바꿔 드립니다.

GO! GO! 과학특공대 시리즈

1. 가장 위대한 발명 **수**
2. 끼리끼리 통하는 **암호**
3. 구석구석 미치는 **힘**
4. 찌릿찌릿 통하는 **전기**
5. 온도와 상태를 변화시키는 **열**
6. 세상의 기본 알갱이 **원자**
7. 수·금·지·화·목·토·천·해 **태양계**
8. 몸무게가 줄어드는 **달**
9. 끝없는 초원에서 만난 **아프리카 동물**
10. 숨 쉬고 운동하는 **식물의 생활**
11. 달려라 달려 **속력**
12. 흔들흔들 **파동**
13. 세어볼까? **경우의 수**
14. 울려라 울려 **악기과학**
15. 초록 행성 **지구**
16. 보글보글 **기체**
17. 조각조각 **분수**
18. 반사하고 굴절하는 **빛**
19. 무게가 없는 **무중력**
20. 나눌까? 곱할까? **약수와 배수**
21. 꾹꾹 눌러 **압력**
22. 뛰어 보자 **수뛰기**
23. 둥둥 뜨게 하는 **부력**
24. 외계에서 온 **UFO**
25. 쉽고 빠른 셈셈 **셈**
26. 우리의 가장 오랜 친구 **곤충**
27. 밀고 당기는 **자석**
28. 신기하고 놀라운 **삼각형**
29. 맞혀 볼까? **확률**
30. 한눈에 쏙쏙 **통계**

다음 책들이 곧 여러분을 만날 준비를 하고 있습니다.
많이 기대해 주세요.

- 사각형
- 비율
- 도형
- 놀이동산
- 도구
- 액체
- 화학반응
- 용액
- 숲속의 벌레
- 우리 주위의 동물
- 세계 곳곳의 동물
- 새
- 여러 종류의 동물
- 소화
- 인체
- 지구 변화
- 날씨
- 지질시대
- 바다